AF160987

Widmung

Mein ganzer Respekt gilt allen Callcenter-Agentinnen und Callcenter-Agenten, ob In - oder Outbound, welche Tag für Tag ihr Bestes geben und ihre Gesundheit aufs Spiel setzen, nur um einen unterbezahlten mit viel Stress behafteten Arbeitsplatz haben zu dürfen.

Mit den besten Wünschen

Torsten W. Albert

Torsten W. Albert

„Guten Tag mein Name ist…"

oder

Burnout, Depressionen und deren Folgen durch die Arbeit in einem Callcenter

Bibliografische Information der Deutschen Nationalbibliothek: Die Deutsche Nationalbibliothek verzeichnet diese Publikation in der Deutschen Nationalbibliografie; detaillierte bibliografische Daten sind im Internet über http://dnb.dnb.de abrufbar.

Nachdruck, auch auszugsweise verboten.

Kein Teil dieses Werkes darf ohne schriftliche Einwilligung des Verlags in irgendeiner Form (Fotokopie, Mikrofilm oder ein anderes Verfahren) reproduziert oder unter Verwendung elektronischer Systeme verarbeitet, vervielfältigt oder verbreitet werden.

Herstellung und Verlag:
BoD - Books on Demand, Norderstedt
ISBN: 978 3-73-2280322

© 2013 **Torsten W. Albert**
® Alle Rechte vorbehalten.
Website: http://www. torsten-w-albert.de

Inhaltsverzeichnis:

Vorwort	Seite 7
Einleitung	Seite 9
Erste Gehversuche	Seite 13
Ein verheißungsvoller Anfang	Seite 33
Die Höhle der Löwen	Seite 37
Jetzt geht es los	Seite 45
Ich der CCA	Seite 49
Neuer Tag, neues Glück	Seite 55
Vorzeigeagent	Seite 57
Keinen Lohn	Seite 61
Lichtblick	Seite 65
Karrieresprung	Seite 69
Teamleiter	Seite 73
Ich kümmere mich …	Seite 79
Umfirmierung	Seite 83
Ich war stolz, warum nur?	Seite 85
Gemeinheiten zahlen sich nicht aus	Seite 97
Das Ende ist nahe	Seite 103
Der Neue	Seite 107
Heute steh ich am Abgrund	Seite 113
Der Anfang vom Ende	Seite 119
Wieder in die Höhle des Löwen	Seite 123
Neuanfang?	Seite 127
Quintessenz, was ist ein Callcenter	Seite 133

Anhang und Begrifferklärungen
*Optin	Seite 141
**Inbound	Seite 149
***Outbound	Seite 151
****Headset	Seite 153
*****Upsell	Seite 155
******Burnout	Seite 157
*******Depressionen	Seite 163
********Cross-Selling	Seite 165
Empfehlenswerte Bücher	Seite 169-171
Anhang	Seite 172-176

Vorwort:

Dieses Buch soll keine Großabrechnung eines ehemaligen Callcentermitarbeiters sein!

Es soll lediglich

- die Machenschaften von Großraum-Callcenter aufzeigen, in denen 100 bis 500 mehr oder weniger geschulte Agenten, zumeist in Teilzeit oder als Geringverdiener, zusammengepfercht, vorgefertigte Gesprächsleitfäden ablesend und freundlich den sogenannten Kunden unter Vorspiegelung falscher Tatsachen etwas nicht Benötigtes verkaufen zu wollen, was heute noch Gang und Gebe und leider kein Einzelfall ist!
- den gnadenlosen Druck welcher auf den Mitarbeiter lastet, welche ihren Einsatzwillen und ihre Loyalität mit den Unternehmen für einen Lohn teilweise weit unter dem Sozialminimum mit ihrer Gesundheit bezahlen.

Einleitung:

Am Anfang voller Tatendrang am Ende meiner Callcenterkarriere ein psychisches Wrack. Es kam zu viel zusammen, der Druck war ganz gelinde gesagt schon fast unmenschlich.

Es kam wie aus dem Nichts. Ich musste mir eingestehen:

"Ich kann nicht mehr; mir geht es schlecht."

Abends - müde, ausgepowert, morgens nach dem Aufstehen müde, antriebslos, erschöpft.

Was ist los mit mir, stellte ich mir die Frage?
Zu viel Arbeit, zu wenig -Freizeit, -Urlaub, -Schlaf ?

„Kam alleine, geht auch wieder alleine", ein verhängnisvoll falscher Gedanke, welcher mir durch den Kopf ging.

Dass ich durch diese Gedanken einen Weg ebnete, einen Weg von Burnout zur Depression welche mir schon in die Wiege gelegt war und jetzt zum Ausbruch kam, verdrängte ich unbewusst oder wollte es nicht wahr haben. Ich wollte es mir nicht eingestehen, vielleicht auch aus Unwissenheit.

Unter anderem durch die gnadenlose Mühle, den Druck wie auch die Unmenschlichkeit von unfähigen Vorgesetzten in Callcentern welche sich viel zu wichtig nahmen , durch einen Beruf den ich anfänglich liebte, wurde ich psychisch krank.

Die Symptome waren zu alltäglich um sie sofort wahr zu nehmen.
Kein Interesse mehr an Familie, Hobbies, Tagesgeschehe. Nur noch Leere, Lustlosigkeit und ausgebrannt. Alltag, irgendwann wird's eben einmal langweilig, wird schon wieder waren meine irrgläubigen Gedanken

Dass ausgerechnet die Arbeit in einem Callcenter die Initialzündung, der Auslöser eines Burnouts waren ,welcher dann zu einem freien Fall in die Depression führte den ich ohne Hilfe selbst nicht mehr zu stoppen im Stande war, ist das Tragische an der ganzen Sache.

Mit Sechs-Stundentagen fing es an, motiviert bis an die Haarspitzen und endete nachdem ich zum letzten Mal in meinem Leben ein Callcenter als

Arbeitnehmer verlassen hatte, bei regelmäßig über 70 Stunden pro Woche.
Suizidgedanken bis hin zum Versuch waren am Ende des Arbeitsverhältnisses der Verdienst dafür, dass ich mich aufgeopfert hatte für meine Arbeit besser gesagt, um meinen Arbeitsplatz behalten zu dürfen.
Immer mit dem Willen, es allen Recht machen zu wollen, es allen zu zeigen, was ich für ein guter Mitarbeiter war. Bereit alles zu tun für ein bisschen Anerkennung.

Noch während meiner täglichen Arbeit, kapitulierte ich, gab auf. Keine Hoffnung mehr auf Anerkennung, keine Perspektive, dass ein 12 Stundentag welcher an der Tagesordnung war, samstags immer bis zu 8 Stunden, sich bessern würden, bzw. dass ich „normale" Arbeitszeiten haben werde.
„Von nichts kommt nichts, ohne Kampf kein Mampf, ich bin wichtig und unersetzlich, ohne mich kann die Firma nicht bestehen" waren meine Gedanken, welche sich als die größte Selbstlüge meines Lebens herausstellten und welche mir aufzeigten, dass man keinen Dank von einem Unternehmen zu erwarten hat, welches ohne Rücksicht auf die Arbeitnehmer nur hohe Umsätze als Ziel hat.

Mir war bewusste: " Dein Nachfolger steht schon auf der Straße und wartet, bis er deinen Job machen kann". Der Druck war extrem hoch, zu hoch.
Im Hintergrund stand natürlich auch meine Familie, denen ich zeigen wollte „was ich für ein Kerl war".
Dass dieser „Kerl" durch diese Denkweise und Verhalten seine Ehe und ein harmonisches Familienleben in wahrste Sinne der Worte „durch Nichteingestehen" kaputt machte und er nun alleine sein Leben fristet, zeigt das Ausmaß und Folgen einer Krankheit, welche von der heutigen Gesellschaft noch immer als Tabuthema abgetan wird.
Wie zitierte der mir inzwischen zum Freund gewordene **André Zoll.**
Initiator der Europäischen Initiative gegen Depression

Allein in Deutschland leben nach Schätzungen in etwa 4 bis 5 Millionen Betroffene, die an der Krankheit Depression erkrankt sind. Europaweit sind es in etwa 350 Millionen Menschen, die an Depression leiden. So die „offiziellen" Zahlen, die ich recherchieren konnte. - Ich möchte gar nicht wissen, wie viele es tatsächlich sind. Die vorgenannten Zahlen erregen in mir Übelkeit genug.

Erste Gehversuche

Mai 2000 sah ich, nachdem ich mich mehr aus Frust meiner missratenen Selbstständigkeit wegen, denn aus Lust unbedingt in einem Callcenter arbeiten zu wollen, zum ersten Mal ein Callcenter von innen.
Wäre dieser Krug doch an mir vorbeigegangen, so wäre mir viel Leid erspart geblieben.

Ich bewarb mich bei einem mir bis dato noch unbekannten Gewerbe, dem Telemarketing, bei einer angesehenen ortsansässigen Firma und wurde nach dem Einstellungsgespräch auch sofort unter Vertrag genommen.

Ich durfte ein 3-tägiges Praktikum absolvieren. Durfte bei einer Kollegin mithören, welche Zeitungs-Abos an den Mann/Frau bringen sollte. So konnte ich mir einen ersten Eindruck verschaffen und auch mal zur Probe telefonieren, ohne durchschlagenden Erfolg.
Die drei Tage Praktikum waren ungemein interessant für mich, bis ich ab dem vierten Tage selbst ans Werk gehen durfte. Mein erstes Telefonat war am schlimmsten. Ich war super aufgeregt. Das zweite Telefonat ging schon viel besser und so wurde ich immer lockerer.

Es ging um den Verkauf von Kinderunfallversicherungen.

Dies dürfte auch wesentlich einfacher sein, als Zeitungs-Abos zu verkaufen, insbesondere wenn man die Daten von Müttern kennt. Für seinen Liebling schließt man ja gerne eine Unfallversicherung ab, waren meine Gedanken, meine Hoffnungen.

Mein Mitarbeitervertrag lief auf 1 Jahr befristet mit 3 monatiger Probezeit. Meine Arbeitszeit war 6 Stunden am Tag von Montag bis Freitag bei einem Stundenlohn von 6,50 Euro brutto. So kam ich auf Netto etwa auf 700 Euro bei einer Arbeitszeit von 9 - 15 Uhr oder 11 – 17 Uhr aber auch manchmal 14 - 20 Uhr. Zudem sollte ich noch als Geringverdiener einen Zuschuss vom Arbeitsamt mir beantragen, was ich aber nicht tat, aber mir von unserer Personalstelle nahegelegt wurde.

Allerdings wurde ich vertraglich dazu verpflichtet, mindestens 44 Kunden im Monat zu produzieren. Dies bedeutet im Schnitt 2 Stück pro Tag. Als Anfänger solle ich mich erst mal darauf konzentrieren, wenigstens 1 Kunden am Tag zu machen und dann später 2.

Am ersten Arbeitstag kurz vor Feierabend schaffte ich dann auch glücklicherweise meinen ersten Kunden. Diese Kundin war relativ einfach.

Nachdem ich Ihr den Schutz vorgestellt hatte, sagte sie von allein: "O.K. Das mache ich". Das kommt sehr, sehr selten vor. Ich war stolz auf mich.
Als das aber nicht mehr funktionierte gab man mir gutgemeinte Tipps. Ich solle dem Kunden die Entscheidung in den Mund legen: "Ich schlage Ihnen vor, ich nehme Ihr Kind zum 1. Januar auf, das ist doch auch in Ihrem Sinn?".
Das funktionierte dann auch besser. Man muss den Kunden in eine "Ja"-Phase reinbringen. Man sagt irgendwelche Dinge, die der Kunde auf jeden Fall mit "Ja" beantwortet um dann im entscheidenden Moment auch ein "Ja" zu bekommen. Ich hatte viel gelernt.
Von Tag zu Tag stellte ich mehr fest, dass grundsätzlich am Telefon alles zu verkaufen ist. Man muss es dem Kunden nur richtig schmackhaft machen, ihm einen Nutzen bieten.

Problematisch wird es, wenn der Erfolg ausbleibt.
Das war bei mir dann auch nach kurzer Zeit der Fall. Als ich eines Tages ohne Abschluss gegen 15 Uhr zusammenpackte, wurde ich barsch von der Teamleiterin angehalten, noch eine halbe Stunde dranzuhängen. Etwas verdutzt, willigte ich aber ein, da dies wohl so üblich war und gerne gesehen wird, wenn man Zeit (ohne Bezah-

lung oder Freizeitausgleich) dranhängt. Bei mir läuft ja auch noch die Probezeit und konnte nicht gleich ablehnen, dachte ich. Als dann nach einer halben Stunde ohne Erfolg ich ein zweites Mal gehen wollte, erntete ich nur böse Blicke der Teamleiterin. Es ist eine Todsünde, mit null Abschlüssen nach Hause zu gehen, sofern man keine oder wenig Zeit an Überstunden investiert hat. So wurde aus der halben Stunde dann auch mal eine ganze Stunde bis hin zu 2 Stunden. Letztendlich wird man für 6 Stunden bezahlt, soll aber notfalls 8 Stunden arbeiten, wenn die Zahlen nicht stimmen. Auch wurde für Samstag eine Extra-Schicht von 4 Stunden anberaumt, ganz ohne Extra-Bezahlung oder Freizeitausgleich. Man mache die Überstunden ja für sich selbst, aber auf eigene Kosten.

Insgesamt hatte ich für einen Anfänger sehr gut verkauft. Ich hatte eine "Masche" entwickelt, die erfolgreich war und auch schon mal zu 4 bis 5 Abschlüssen am Tag führte. Als dann eines Tages diese Masche wie aus heiterem Himmel nicht mehr funktionierte, suchte ich nach dem Grund. Die Teamleiterin meinte jetzt, dass ich mein Gesprächsleitfaden verändert hätte. Ich mache etwas falsch. Mir unglaublich vorkommend, da ich genau wie immer gesprochen hatte.

Eine weitere Todsünde ist es, den Fehler im System zu suchen (Beispielsweise EDV). Man ist immer selber schuld, wenn es nicht klappt. So kommt es oftmals vor, dass ein Anrufbeantworter nach dem anderen in der Leitung ist. Dann kann man ja logischerweise keinen Abschluss machen. Wer jetzt meckert hat die A...karte gezogen, „Hören Sie auf zu meckern, dann klappt es auch wieder. Schauen Sie sich die anderen an, die 3 bis 4 Abschlüsse machen. Von denen hören Sie nichts. Es sind immer die Leute am meckern, die nichts auf die Reihe kriegen bekam man dann zu hören."

Die Adressen und Telefon-Nummern wurden von einem speziellen Unternehmen gekauft.

Kaltaquiese war ja verboten, es durften ja nicht Leute einfach so angerufen werden. Mütter, die bei der Geburt Ihres Kindes noch im Krankenhaus eine bestimmte Karte ausgefüllt haben. Die Mütter werden gelockt mit einem "Überraschungspaket" mit Geschenken und vielen Versprechungen für Mutter und Kind.

Diese Adresse wird jetzt sofort für Werbezwecke ausgeschlachtet und an Callcenter verkauft, genau so einem in dem ich versuchte meine Arbeit zu verrichten. Wir versuchen jetzt, den Müttern eine Kinderunfallversicherung anzudrehen.

Anfangs sehr naiv denkend, der Erste zu sein, der bei den Müttern anruft. Als dann eines Tages

sich die Beschwerden häuften, wurde ich misstrauisch. Fast jeder Zweite sagte:"Ich bin doch erst vor 2 Monaten von einem Kollegen von Ihnen angerufen worden und ich sagte doch schon damals, dass ich nicht interessiert bin." So ging das die ganze Zeit und nun wusste ich, dass dies alles ausgelutschte Adressen waren. Ich fing an zu meckern und bekam eine doofe Antwort mit Androhung einer Abmahnung von der Teamleiterin
.
Die Adressen werden immer und immer wieder angerufen. Der Kunde hat schon eine Unfallversicherung und wird von einem Mitarbeiter als "kein Erfolg" geschlüsselt. Nun könnte man meinen, der Kunde verschwindet in der Versenkung auf Nimmer-Wiedersehen. Es wäre ja sinnlos, den ein zweites Mal anzurufen, weil er ja schon eh die Versicherung hat. Warum soll man die gleiche Versicherung ein zweites Mal abschließen? Dem ist bei Weitem nicht so.
Der Kunde wird immer und immer wieder angerufen.
Hintergrund war zum einen, dass jede Adresse nicht wenig Geld kostet und es könnte ja sein, dass der Kunde am Telefon gelogen hat. Er behauptet einfach, er habe den Schutz schon, um das Gespräch zu beenden. So soll es einfach jeder Agent versuchen. Es wird auch darauf geach-

tet, dass jeder Agent seinen eigenen Verkaufs-Stil entwickelt und nicht kopiert. So könnte beispielsweise ein Kunde gefangen werden, der mehr auf eine ruhige Männerstimme steht. Der andere mag lieber die lebensfrohe Frauenstimme. Allerdings ist die Wahrscheinlichkeit, in so einem "Pool" von ausgelutschten Adressen doch noch einen Kunden zu finden, natürlich extrem gering.
Insbesondere im Vergleich zu einem Pool mit neuen, gerade frisch gekauften Adressen, wo zuvor noch nie irgendjemand angerufen hat.
Ist ja logisch, dass eine frisch gebackene Mutter eher eine Unfallversicherung abschließt, als wenn ich bei jemand anrufe, dessen Adresse schon seit vielen Jahren im System ist.
Man kann rechnen, dass ein und dieselbe Adresse 4 - 6 Mal mindestens pro Jahr angerufen wird. Bei dem Geburtsjahr des Kindes kann man dann ungefähr ausrechnen, wie ausgelutscht die Adresse ist. Ist das Kind 7 Jahre alt, wurde etwa 42 Mal ohne Erfolg angerufen.
Ich bin jetzt der 21. der nun sein Glück versucht. Das heißt, ich muss diesem Kunden irgendwas erzählen, was zuvor noch kein anderer gesagt hat. Ich musste mir neue Lügen einfallen lassen.
Ich wurde mehr oder weniger dazu genötigt, dem Kunden irgendeinen Mist zu erzählen, ihn zu betrügen, damit er ausgerechnet bei mir zusagt. Ei-

nige Kollegen fangen beispielsweise damit an: "Sie können die Versicherung komplett von der Steuer absetzen. Somit bezahlen Sie dafür nichts" ,oder man sagt, wenn Ihnen der Schutz nicht gefällt, rufen Sie einfach eine speziell für sie eingerichtete, kostenfreie Hotline an (0800er Nummer) und alles ist vorbei. Alles wird dann ohne Probleme storniert. Lügen über Lügen. Ruft dieser Kunde dann tatsächlich wieder an, wird ihm natürlich gesagt, er müsse schriftlich kündigen. Sollte sich dieser Kunde dann beschweren, weil er falsch informiert wurde, wird die Teamleiterin auch dem Kunden gegenüber frech, weil der böse Kunde Ihr schönes Unternehmen angreift.

Jetzt stellt sich natürlich die Frage, welcher glückliche Agent darf die ganz frischen Adressen anrufen. Dies wird ganz gezielt manipuliert. Es ist technisch gesehen überhaupt kein Problem, ein x-beliebigem Mitarbeiter ganz gezielte Adressen in seinen Pool zu stellen. Somit kann man Erfolg und Misserfolg steuern. Belohnt werden natürlich Mitarbeiter, die bei Misserfolg noch 1-2 Stunden täglich unbezahlt investieren, nicht an sich selbst oder gar an dem System zweifelnd.

Die erfolgreichen Agents die den Hals gar nicht voll kriegen konnten sollten zeigen, dass sie unzufrieden sind und noch mehr Abschlüsse ma-

chen wollten, um die weniger Erfolgreichen zu motivieren. Wer nicht schleimt - fliegt.
Neben einigen "Glückspilzen" musste natürlich auch das Stammpersonal (Top-Verkäufer) jeden Tag Erfolg haben.
Sollte ein wichtiger Top-Verkäufer null Abschlüsse machen, würden die anderen ja sagen: "Wenn der es nicht kann, wie soll ich das denn jetzt schaffen?" Es muss also immer einige erfolgreiche "Zugpferde" geben, an denen sich der Rest der Truppe orientieren soll. Dass dies durch den Dialer gesteuert wurde, war mir bis dato noch nicht bekannt.
Ein weiterer Grund der Manipulation von Erfolg und Misserfolg war auch die Tatsache, dass man bei Erreichen eines gewissen Umsatzes eine einmalige Provision erhält. Provision sind aber Unkosten für das Unternehmen und werden nur ungern bezahlt. Die Provisionauszahlung erreichen, wenn überhaupt höchstens 2-3 Leute von über 70. Hat beispielsweise ein Agent schon 20 Abschlüsse und ein anderer erst 5, so versucht man natürlich dem anderen etwas auf die Sprünge zu helfen. Es wird am Dialer manipuliert. Idealer Ausgangspunkt für das Unternehmen ist natürlich, dass alle ganz knapp die Provision verfehlen.
Weitere Möglichkeit der Manipulation ist, wenn man bestimmte Mitarbeiter los werden möchte,

einfach weil die Sympathien nicht stimmen oder er nicht den Ansprüchen genügt. Solchen Mitarbeitern legt man ganz gezielt hoffnungslose, schon weit über zehnmal angerufene Adressen in seinen Pool, sodass er nie auf einen grünen Zweig kommen kann.
Es gibt auch die Kategorie "Anruf nicht erlaubt" oder „Blacklist". Ein Kunde, der ausdrücklich am Telefon gesagt hat, er möchte nicht mehr angerufen werden. Gibt man nun einem gehassten Mitarbeiter solch einen Pool, machte derjenige nie mehr in seinem Leben einen Abschluss, bekommt eine Abmahnung mangels Erfolg und hat natürlich auch wenig Chancen vor dem Arbeitsgericht, da der Erfolg vertraglich vorgeschrieben ist. Mit der Zeit kommt man den Machenschaften der Callcenter-Branche auf die Schliche.
Eine Mitarbeiterin mit wenigen Sympathien der Teamleitung, welche aber schon seit mehreren Jahren dabei war und sich immer gehalten hat, hatte plötzlich keinen Erfolg mehr. Sie fing teilweise auch am Arbeitsplatz an, zu weinen. Einfach weil die Kunden nur noch eklig und gemein am Telefon waren. Sie bekam natürlich prompt die Kündigung, wegen Erfolgslosigkeit. Natürlich wurde dies im Kündigungsschreiben nicht so erwähnt, es waren immer „wirtschaftliche Gründe", welche aufgeführt waren.

„Du bist doch ein Profi und musst damit fertig werden", wurde ihr noch frech von der Teamleiterin nachgerufen.

Langsam aber sicher enttarnte ich das gesamte System und so konnte ich auch gelegentliche zynische Bemerkungen mir nicht unterdrücken.
Beispiel:
Wenn ein Agent einen Kunden an Land gezogen hat, wird dieser von der Teamleiterin oder einem dazu berufenen Agent immer ein zweites Mal angerufen, um zu überprüfen ob der Kunde auch tatsächlich will. – Qualitycall - So soll vermieden werden, dass diesem Kunden unnötigerweise die Unterlagen zuschickt werden. Da bei diesem Gespräch immer noch mal darauf hingewiesen wird, dass der Betrag vom Konto abgebucht wird und ein Vertrag zustande gekommen ist, platzen einige Verträge an dieser Stelle. Der Vertrag kommt nicht zustande. Dies ist natürlich enttäuschend für den Agenten, da ihm dadurch auch wieder Provision nicht ausbezahlt wird.
Nun stellte die Teamleiterin dem Agent die Frage, ob sie den Kunden zurück auf seinem PC haben möchte, um ihn eventuell doch noch mal später anzurufen.
Daraufhin sagte die Agentin: "Was soll ich mit diesem Kunden noch? Der will ja nicht".
Ich konnte mich nicht ein bremsen und entgeg-

nete schnippisch: "Ist doch eh egal, der Kunde kommt sowieso spätestens in einem halben Jahr wieder hoch und dann können sich andere mit dem rumärgern". Daraufhin wurde die Teamleiterin sehr böse. Wahrscheinlich hat sie sich ertappt gefühlt und ich bekam eine, meine erste Abmahnung.

Die Kunden wurden während des Gesprächs auch so „nebenher" gefragt ob sie einen Hund haben. Was hat Kinderunfall-Versicherung mit Hunden zu tun? Ganz einfach, dieser Kunde welcher die Frage „haben sie einen Hund?" mit „Ja" beantwortete bekam Monate später wieder einen Anruf, das Thema hierbei: „Hundehaftpflicht-Versicherung". Der Kunde hat ja durch sein Optin eingewilligt, dass er wieder angerufen werden darf, mit dem Bezug wurde es nicht so genau genommen.

Anfang Dezember machte ich 12 Tage lang keinen einzigen Abschluss. Diese Zeit habe ich nur überstanden, da ich täglich mindesten 1 Überstunde investierte und sichtlich gelitten hatte und an mir selbst zu zweifeln begann, also die Schuld nicht bei anderen suchte. Wäre ich pünktlich gegangen, wäre das mein Ende gewesen. Dann ganz plötzlich hatte ich voll die Glücks-Strähne und machte in einer Woche 14 Abschlüsse. Somit auf Platz 1 mich katapultierend. Welch ein Zufall.

Als es dann wieder schlechter lief, einfach weil die Adressen hoffnungslos waren, wusste ich, dass der Fehler nicht bei mir liegt sondern einfach an den Adressen. Somit regte ich mich auch nicht mehr auf und war mir auch keiner Schuld bewusst. Warum soll ich mich schuldig fühlen, wenn der Kunde schon 10 Mal angerufen wurde und schon 10 Mal gesagt hat, dass er es nicht will?

Die Teamleiterin sagte mir, dass meine Gespräche katastrophal waren. Ich hatte aber so viel Selbstbewusstsein in der Zwischenzeit aufgebaut, dass ich das als Lüge enttarnte. Außerdem wurde ich tags zuvor von einer Mitarbeiterin gelobt, ob meiner sehr guten Gesprächsführung. Letztendlich geht es nur darum, den Mitarbeiter so lange wie möglich in der Firma zu halten, bis eventuell doch noch ein Kunde mehr rausspringt. Somit hatte ich auch nicht mehr eingesehen, mehr als eine halbe Stunde an Zeit zu investieren.

Als ich dann eines Tages bei nur 1 Abschluss (anstatt 2) um 15:15 Uhr gehen wollte (Feierabend 15 Uhr), weil ein unaufschiebbarer Termin wartete, wurde ich wie ein Hund zurückgepfiffen. Ich stand schon am Ausgang. Die stellvertretende Teamleiterin gestikulierte wie wild und

wollte mich unter allen Umständen zum Bleiben zwingen. Das ist vor versammelter Mannschaft sehr peinlich. Da dies schon öfter passiert war, blieb ich dieses Mal hart. Ich hatte einen Termin und meine reguläre Arbeitszeit war seit 15 Minuten vorbei. Ich hatte ja sonst schon immer Zeit drangehängt, aber dieses Mal musste ich auch etwas "Kontra" geben, was natürlich Folgen hatte.
Tags darauf kam prompt die Kündigung. Während der Probezeit, aus wirtschaftlichen Gründen! Man hat mir aber die Option gelassen, wenn ich mich "zusammenreiße", würde man die Kündigung zurücknehmen.
Dieses Mittel kannte ich aber schon von anderen Mitarbeitern, die sich gefügig haben machen lassen. Etwas Stolz hatte ich dann doch noch und habe abgelehnt. Damit hatten sie nicht gerechnet. Sie dachten, dass ich nicht gehe und mich abrichten lasse und zum „Ja-Sager" werden würde.
Einige Kollegen hatten auch schon durch diese Machenschaften einen Dachschaden und waren nur noch eine "Marionette" mit der man alles machen kann. Soweit wollte ich es nicht kommen lassen.
Zur Ergänzung des bereits erzählten möchte ich dieses nicht unerwähnt lassen.
Neue Adressen werden in der Regel von bevorzugtem Fachpersonal angerufen. Die Adressen,

die nichts bringen, bekommt das Fußvolk. Mit denen können sich andere rumärgern. Es kam auch vor, dass Kunden, die man zuvor auf "Wiederanruf für Entscheidung" geschlüsselt hatte, von einer Führungskraft geklaut wurden. Diese Wiederanrufe sind vielversprechende Telefonate, wobei der Kunde noch Rücksprache halten muss mit dem Partner aber Interesse signalisiert hatte. Somit fehlt dem eigentlichen Agenten die Provision und er wird zusätzlich noch angehalten, länger zu arbeiten.

Dies ist bei mir auch des Öfteren passiert. Beispiel gefällig? Gern.
Ich hatte mir eine Kunden-Nummer auf Papier notiert, da ich mit der Software noch unsicher war, bzw. ihr nicht traute. Als ich dann den Kunden nach einiger Zeit von Hand aufgerufen hatte, musste ich feststellen, dass die stellvertretende Teamleiterin den Kunden erfolgreich zurückgerufen hatte und sie die Provision kassiert hat. Diese Dame macht das in einer Tour und besserte somit ihr Gehalt um ein vielfaches auf. Was mir auffiel war, dass ihre Gespräche auffällig kurz waren. Sie sagte zu Beginn des Gespräches nur: "Ich wollte mich noch einmal melden wegen Ihrer Unfallversicherung. Sollen wir es jetzt mal machen, wie mit dem Kollegen schon besprochen?" So graste sie sozusagen alles ab und ern-

tete das, was andere sähten. Ist ja klar, die Kunden kennen uns mittlerweile, wir sind keine Fremden mehr, und der Kunde sagt "Ach ja, das machen wir dann mal". So hatte diese Dame auch immer viele Abschlüsse, über 10 Erfolge täglich.

Als ich es dann wagte eines Tages Ihren Stil kopierte, also ohne große Vorgespräche direkt auf den Punkt kam, wurde das nicht gewünscht. Offiziell hieß es, man solle nicht andere kopieren. In Wirklichkeit war der Grund eben, sich ausgiebig beim Kunden vorzustellen und lange Gespräche führen, damit diese Dame dann später bei Ihrem Rückruf leichte Karten hat. Eine Sauerei den anderen Kollegen gegenüber.

Erreichte ein Agent tatsächlich seine Provision, wird diese in den seltensten Fällen, wenn überhaupt bezahlt. Beschwert sich nun der Agent, wird er so lange mit Ausreden bequatscht, dass er zum Schluss nur noch Bahnhof versteht.

- Sie brauchen 300 Euro Umsatz im Monat
- Sie brauchen 300 Euro Netto Umsatz, nicht 300 Euro brutto.
- Sie müssen höher verkaufen
- Sie müssen warten, der Kunde könnte noch stornieren.
- Wenn es Ihnen nicht passt, können sie gehen.

Nachdem ich das Unternehmen wie schon erwähnt, unfreiwilliger Weise Anfang November verlassen hatte, bekam ich noch einen Anruf eines Ex Kollegen, welcher mir mitteilte, dass das Callcenter in die neuen Bundesländer also in den Osten umzieht.
Mitte November wurden alle Mitarbeiter in den Besprechungsraum gerufen, wo sich die Garde der Geschäftsführer aufgestellt hatte.
„Meine Damen und Herren, ich möchte Ihnen mitteilen, dass sie heute nicht mehr telefonieren müssen, wie auch in Zukunft nicht mehr. Sie werden nun alle von der Arbeit freigestellt, das Dezembergehalt bekommen sie großzügigster Weise noch und Januar melden Sie sich bitte beim Arbeitsamt" waren unter anderem die Worte des Geschäftsführers. „Wir ziehen um nach Magdeburg, geben aber ihnen alle die Chance, Ihren Arbeitsplatz zu behalten. Voraussetzung hierfür ist, sie gehen mit uns in den Osten" Das war Hohn pur. Der Betrieb bekam im Osten Geld von Staat wegen Arbeitsbeschaffungsmaßnahmen und finanzierte so auf Staatskosten ein neues Callcenter und schloss das Bestehende. Ich nenne so etwas Betrug am Staat.
Lange rede kurzer Sinn. Es ging, außer einem mir unbekannten Kollegen namens Caruso keiner mit und alle wurden zum Januar arbeitslos.

Dieser Herr Caruso wird in meiner weiteren Karriere in Callcentern noch einige gewaltige Rolle spielen.

Meine ersten Callcentererfahrungen hätten mir eigentlich die Augen öffnen müssen, was sie aber leider nicht taten.

Kurze Zeit später fing ich bei der Auskunft eines bundesweit agierenden Transport und Beförderungsunternehmens an. Leider auch nur bis zum 31.05 des Folgejahres.

Zu meinen Aufgaben gehörten:

- Auskunft/Beratung über Fahrpreise, Tarife, Reisezeiten- und ziele
- Verkehrsverbindungen und Angebotserstellung für bestimmte Zielgruppen
- Buchungen / Reservierungen / Verkauf Platzreservierungen, Ticketverkauf, Verkauf von besonderen Serviceleistungen, wie z.B. Gepäcktransport.
- Reklamationsbearbeitung , Bearbeitung über Stornierungen, Erstattungen und Umtausch der Tickets.

Warum nur so kurz? Dieser Job machte richtig gehend Spaß und ich war mit einem anderen Kollegen, wieder einmal einer der erfolgreichsten Verkäufer des Centers. Die Vorgesetzten waren freundlich und hilfsbereit.

Leider wurden aus Rationalisierungsmaßnahmen einige Servicecenter in der weiteren Umgegend geschlossen und da in diesen, unkündbare Mitarbeiter beschäftigt waren, wurden alle, welche zum 01.06 eingestellt wurden, entlassen, bzw. deren Vertrag nicht verlängert. Das Unlogische daran war, dass es auch sehr gute Mitarbeiter, bei weitem bessere als jene die nun übernommen wurden traf. Was mir wiederum sagte, dass Leistung in einem Callcenter nicht honoriert wurde.

Im folgenden halben Jahr versuchte ich wieder mein Glück in der Selbstständigkeit, jedoch der Schock über diesen Arbeitsplatzverlust saß tief und lies erste Selbstzweifel, erste Traurigkeit in mir hochkommen, was ich aber zu der Zeit nicht beachtete, bzw. ignorierte. Warum nur?
Meine Selbstständigkeit in der Versicherungsbranche hielt nur kurz an, da anscheinend zu dieser Zeit niemand Versicherungen benötigte.

Ich zweifelte immer mehr an mir selbst, wollte nicht als Versager bei meiner Frau und meinen

Kindern da stehen. Was ich mir aber einredete. Oder war es tatsächlich so? Daher bewarb ich mich erneut bei einem weiteren Callcenter. Mehr aus Frust denn aus Lust aber es war anscheinend die einzige Branche, welche meine Arbeit wollte. Wie bescheuert war ich?
Dass dies meiner zu der Zeit schon vorhandenen aber von mir tunlichst ignorierten Krankheit den absoluten Anschub gab, war mir zu dem Zeitpunkt in keinem meiner Gedanken beinhaltet. Es war mir zu diesem Zeitpunkt auch egal, da ich ganz einfach nur eine Arbeitsstelle brauchte, ohne Rücksicht auf Verluste.

Beim Vorstellungsgespräch welches sehr harmonisch verlief, wurde ich darauf aufmerksam gemacht, dass der Callcenterleiter mit mir zusammen, in dem in die neuen Bundesländer umgezogene Callcenter, arbeitete. Er ging damals als einziger mit in den Osten, aber auch nicht für all zu lange.

Ich erkannte ihn jedoch nicht.

Herr Caruso

Ein verheißungsvoller Anfang

Montag, 07.01.2008 morgens 6 Uhr, der Wecker klingelt. Aufstehen, duschen, während der Kaffee langsam durch die Maschine rann.

Ein Tag wie jeder andere, wie zig Tage zuvor und wie alle Tage die folgen würden, so dachte ich.

Doch ein besonderer Tag für mich. Ich hatte eine neue Arbeitsstelle als Callcenter-Agent. Nichts Besonderes wie ich aus der Vergangenheit wusste, aber Hauptsache einen Job, Hauptsache meine Familie ist stolz auf mich. Endlich, nach monatelangem Misserfolg in der Selbstständigkeit war ich wieder auf der Spur. Nicht wissend wo der Weg mich hin führt.

Dieser Job machte mir im Nachhinein gesehen anfangs auf die eine oder andere Art Spaß, ich liebte sogar meine Arbeit.
Bis sich das Blatt wendete. Nette Kollegen, die im gleichen Boot saßen, machten einem das Arbeitsleben anfangs erträglich. Ich war einer dieser vielen Callcenter Agent welche nervend am Telefon einem etwas Gutes tun wollen obwohl man gerade gar keine Zeit hat, geschweige denn

etwas benötigt und schon gar keine Lust hat, mit jemandem wildfremden am Telefon zu reden.
Es war zwar nicht grade das, was man einen Traumjob nennen konnte, das wusste ich noch von meinen vorherigen Callcenter-Anstellungen, aber zu der Zeit war mir alles egal.

Mein erster Arbeitstag bei der neuen Firma.
Diese hatte im Namen das Wort „symphytisch" versteckt, mal sehen was kommt.

Kaffee mal wieder viel zu heiß, Toast mal wieder viel zu dunkel. Egal, heute wird ein guter Tag, so meine Gedanken.

20 Minuten zu fahren bis zur neuen Arbeitsstelle. Insgeheim freute ich mich darauf.
Meine Frau war auch zufrieden, dass ich einen Job hatte, das war die Hauptsache. Endlich wieder gesellschaftsfähig. Das Gehalt von 7,50 € brutto / Std. war zweitrangig. Ich bildete mir ein, gut zu sein. Ich bin ein guter Telefonverkäufer, was ich kurzfristig ja auch schon in anderen Callcentern unter Beweis gestellt hatte, versuchte ich mir einzureden.

Dass ich diese drei Jahre in denen ich in diesem Callcenter arbeitete mit meiner Gesundheit bezahlen musste, war in diesem Moment bei weitem noch nicht absehbar.

Das anstehende Projekt eines großen deutschen Verlages, welches mir beim Einstellungsgespräch in Aussicht gestellt wurde, hatte ich schon einmal, kurz aber erfolgreich telefoniert.
Bücher, Gebrauchsgegenstände uvm an die Bestandkunden verkaufen war der Anfang, später dann ganze Sammelwerke wie auch Abos.

Heute ist ein guter Tag schoss es mir durch den Kopf, kurz eine Zigarette rauchend vor dem Gebäude stehend, mir selbst Mut machend. Auf in den Kampf, die große Glastür leicht nervös öffnend um das Gebäude zu betreten.

4.OG. Fahrstuhl nach oben.

Ich betrat die Räume der Firma, von welcher ich mir so unendlich viel erhoffte!

Du kannst es Dir nicht aussuchen, was in Deinem Leben passiert, aber Du kannst dir aussuchen, wie Du damit umgehst.

Lass Dir deine Gegenwart nicht von Deiner Vergangenheit bestimmen, aber lass die Vergangenheit ein guter Ratgeber für die Zukunft sein.

 www.torsten-w-albert.de

Die Höhle der Löwen

Von dem, mir inzwischen aus umgezogenen Callcenter bekannten Callcenterleiter und dessen Sekretärin, wurde ich in Empfang genommen. Die Freundlichkeit meines Ex-Kollegen, jetzigen Vorgesetzten welche beim Vorstellungsgespräch noch da war, war wie weggeblasen. Er, Herr Caruso, saß mürrisch schauend hinter seinem Schreibtisch, in einem Büro welches von außen einsehbar war, er jedoch auch alles sehen konnte was in „seinem" Callcenter" vor sich ging. Griesgrämig, kurz nickend schaute er hoch, nicht eine Miene verziehend.
Seine Sekretärin Frau Zwiebel, kam überschwänglich mit einem „Fleischereifachverkäuferinnenfreundlich" auf mich zugeschwebt.
„Ach schön dass sie da sind, ich werde Ihnen erst einmal ihren neuen Arbeitsplatz zeigen".

Ich wurde durch das Callcenter geführt. Muffige Luft, Staubgeruch welcher von einem rosaroten, zur Schalldämmung verlegten Teppichboden, aufstieg. Computer über Computer, ein gleichbleibender Lautstärkepegel was mich an einen Bienenstock erinnerte. Mitarbeiter welche kurz aufschauend mir ein freundliches, scheues, mehr wie mir vorkam mitleidiges aber auch ängstliches Lächeln zuwarfen.

Das ist Herr Kammer, der Leiter des Inbounds** wurde mir ein älterer ungemein liebenswürdiger Herr vorgestellt. Er erklärte mir dann auch, was es mit dem Inbound auf sich hatte.
Hier werden Gespräche angenommen, daher das „In", Bestellannahme für große Versandhäuser.
„Guten Tag mein Name ist…. was kann ich für Sie tun" hörte ich die fortwährende, monotone, von Gesprächsleitfäden vorgegebene Begrüßungsformel meiner neuen Kollegen. „Boah muss das langweilig sein" schoss es mir durch den Kopf, aber egal, Hauptsache einen Job.

„Du hast wieder kein Upsell***** angeboten hörte ich auf einmal in einer ungemein giftigen, wenn nicht gar beleidigende Art die inzwischen zur „Assistentin der Geschäftsleitung" mutierte Frau Zwiebel einen Kollegen zusammenstauchen. „ Du weißt dass Du das musst, der Kunde wartet doch darauf. Wenn Du es noch einmal nicht anbietest, kannst Du deine Sachen packen und verschwinden!"

Holla die Waldfeh ! Wo war ich denn da hingeraten, Freundlichkeit sieht bei mir anders aus. Die Kollegin, welche nach allen Regeln der Kunst zusammengestaucht wurde, nickte nur schüchtern, den Tränen nahe."Entschuldigung, ich werde mich bemühen es in Zukunft besser zu machen". Mein Bild einer sympathischen Firma begann schon sich aufzulösen. Herr Kammer war dieser Vorfall sichtlich unangenehm.

Frau Schnipsel und eine Frau, welche durch ihr Aussehen schon offen zeigte, welcher Glaubensrichtung sie angehörte, wurden mir dann auch noch als Inbound-Teamleiter vorgestellt. Diese saßen hinter Ihren Computern, um die Arbeitsleistung der Kollegen zu beobachten und sofort rabiat einzuschreiten, wenn einmal ein Kollege längere Zeit kein Gespräch annahm ,länger als es gewünscht redeten oder was schon einem Hochverrat gleich kam, kein Upsell anbot. Maximale Gesprächsdauer bedeutete ca. 30 Sekunden, Upsell bedeutet, dem Kunden etwas andrehen, das angeblich ein Sonderangebot sei und er dadurch enorme Ersparnisse habe, was sich als unverschämte Lüge herausstellte.
Schlecht bezahlte Akkordarbeit. Frau Schnipsel gab durch ihren Gesichtsausdruck auch recht deutlich zu verstehen, was sie von den Mitarbeitern ihrer Teams hielt. Nichts! Sie kam sich sowas von wichtig vor, dass man es nicht in Worte fassen konnte. Eine extrem unsympathische Frau schoss es mir durch den Kopf.

Ich wurde in den Outbound*** geführt. Hier wurden Kunden, ob sie es wollten oder nicht, angerufen.
„Guten Tag mein Name ist …schön dass ich Sie erreiche, ", waren die extrem freundlichen aber nie so gemeinten Worte die am Anfang ein jeden Gespräches in das Headset geheuchelt wurden. Gottseidank gab es kein Bildtelefon. Hätte der Kunde gesehen, welche Gesten oder Mimiken teilweise gezogen wurden, währen Anzeigen wegen Beleidigung an der Tagesordnung gewesen.

Ich sollte genauso werden wie alle Callcenter-Agents in diesem Unternehmen, ob ich es wollte oder nicht.
Frau Aufwiedersehen, Frau Hups und Frau Metzger-Motz waren die Outbound-Teamleiter. Die Letztgenannte wurde zu meiner Teamleiterin. Eine nach ihrem Aussehen auf Gothik stehende, unfreundliche, arrogante, ungepflegte Person, aber unheimlich auf freundlich machend.

Ich durfte bzw. musste mir alles an sehen. Was mir auffiel war, dass die neuen Kollegen, alle ein nettes Lächeln und Kopfnicken für mich übrig hatten, sobald aber eine der Teamleiterinnen auftauchte, sie das Genick einzogen und Geschäftigkeit vortäuschten. Hatten sie alle Angst? Im

Laufe der Zeit beantwortete sich diese Frage von alleine: „Ja"

Ein „Meeting" bzw. eine Schulung war auf 10.00 Uhr angesetzt. Wir waren 10 Mitarbeiter, teilweise neu eingestellt, teilweise alte Hasen. Erwartungsvoll saßen wir im Schulungsraum, als die Tür aufflog und ein „Endfünfziger" sehr gepflegter, sehr sympathischer Mann hereinkam. Auf seinem Fuße folgend , der immer mürrisch schauende Herr Caruso.

„Guten Morgen meine Damen und Herren begrüßte uns, nachdem er sich vorgestellt hatte, Herr Markus, einer der Geschäftsführer. Ich hoffe, sie haben alle gute Laune mitgebracht?", was von allen Neulingen bejaht wurde im Gegensatz zu den „alten Hasen". Ich darf sie recht herzlich bei uns begrüßen. Ich möchte Ihnen unser neues Projekt „EarthPic" vorstellen. Wir legen sehr viel Wert und Hoffnung in dieses Projekt, da es sich um ein sehr lukratives Projekt für sie und das Unternehmen handelt, dass sie bereit sind alles dafür zu geben, um es hier in unserem Hause zu halten und wir es nicht verlieren.

Einen verächtlichen Blick zu Herr Caruso werfend, welcher unaufgefordert dann das Wort ergriff: „Wenn wir das Projekt verlieren sollten, sozusagen sie schlecht telefonieren, können sie sich einen Tag danach alle sofort beim Arbeits-

amt melden, weil sie dann arbeitslos sind" war der sehr motivierende Beitrag von Caruso, welcher ihn sofort noch unsympathischer erscheinen ließ als er sowieso schon war.
Herr Markus schenkte ihm nur einen vorwurfvollen wie auch erstaunten Blick. Teamleiterin Metzger - Motz meinte Carusos Worte durch eifriges Kopfnicken und dümmliches Grinsen in seine Richtung bestätigen zu müssen.

Diese Worte hatten den Effekt, dass sich meine Illusionen eines schönen Arbeitsplatzes sofort in Luft auflösten. So dermaßen, dass ich sie in meiner gesamten Zeit nicht mehr aus dem Kopf bekam. Der erste Grundstein für eine erfolgreiche Zusammenarbeit war gelegt.
Am ersten Tag bekam ich sofort den Druck der „Telemarketingbranche" und die gnadenlose Dummheit eines cholerischen, sich zu wichtig nehmenden Callcenter-Leiters zu spüren.

Wer nicht pariert, marschiert. In der Zwischenzeit weiß ich, dass dieses „sympathische" Unternehmen keine Ausnahme darstellt. Die gesamte Branche ist so gestrickt. Wie sagte einmal Caruso:" Für jeden der hier entlassen wird, stehen über hundert auf der Straße und freuen sich bei uns arbeiten zu dürfen".

Naja auf die eine oder andere Art hatte er recht, hunderte würden sich freuen, aber nicht all zu lange.

Wie kritisierte einmal so treffend Günter Wallraff?

"In den Callcentern, die sich ausbreiten wie eine Seuche, werden Leute zu Betrügern ausgebildet". Äußerlich kämen die inzwischen mehr als 5500 Callcenter in Deutschland meist seriös daher, aber: "Es wird sehr stark über Telefondrücker gearbeitet, den Leuten werden Dinge angedreht, die sich nicht brauchen oder die ihnen schaden." Beispiele seien Abonnements, Versicherungsverträge oder Lottolose, die in belästigender Weise und zu überteuerten Preisen am Telefon feilgeboten würden.

Zu dieser Zeit sah ich mich, obwohl ich so eine gewisse Vorahnung hatte, nicht als Betrüger. Jedoch es gab in der Zukunft in zunehmender Weiße Momente, wo ich mich nicht gerade gut gefühlt habe, wenn ich wieder ein „ja, lassen Sie es mir zukommen" von einem Kunden gesagt bekam.

Jetzt geht es los

Uns wurde das Projekt kurz erklärt, dann ging es los. Schulung? Nein, nicht im Geringsten. Wir bekamen ein Blatt vorgelegt, einen sogenannten Gesprächsleitfaden, welchen wir Wort für Wort wiederzugeben hatten. Wehe wenn nicht!

Uns wurden Plätze zugewiesen. 80 cm breit, 80 cm tief, rechts wie links und auch davor eine mit Teppichen zum Schallschutz versehene Nische. Genau so wie in den beiden vorhergegangenen Callcentern

Mir ging gleich durch den Kopf, dass das Tierschutzgesetz besser sei als hier anscheinend das Arbeitsschutzgesetz.

Auszug TierSchNutztV
§ 10 Platzbedarf bei Gruppenhaltung

(1) Kälber dürfen vorbehaltlich des Absatzes 2 in Gruppen nur gehalten werden, wenn für jedes Kalb eine uneingeschränkt benutzbare Bodenfläche zur Verfügung steht, die nach Maßgabe des Satzes 2 mindestens so bemessen ist, dass es sich ohne Behinderung umdrehen kann. Entsprechend seinem Lebendgewicht muss hierbei jedem Kalb mindestens eine uneingeschränkt benutzbare Bodenfläche nach folgender Tabelle zur Verfügung stehen:
Lebendgewicht in Kilogramm
Bodenfläche je Tier in Quadratmeter bis 150 kg 1,5m² von 150 kg bis 220kg 1,7 über 220 1,8.m²

(2) Kälber dürfen in einer Gruppe bis zu drei Tieren nur in einer Bucht gehalten werden, die im Falle 1. von Kälbern im Alter von zwei bis acht Wochen **4,5 Quadratmeter,** 2. von Kälbern von über acht Wochen **6 Quadratmeter Mindestbodenfläche hat.**

Einem Kalb stet also gesetzlich mehr Platz zu als einem Callcenter-Agent.

Frau Metzger-Motz erklärte uns, so gut sie es konnte, obwohl mich die Befürchtung beschlich, dass sie keine Ahnung von dem hatte was sie uns erzählte, den Dialer.
Wir bekamen jeder ein Headset****. Neu?
Nein, ein altes, vergammeltes Teil . Nicht wissend, wer schon alles, mit diesem dreckigen Ding telefoniert hatte, bzw. was für Krankheiten sich an dem Mikrofon, welches 5 cm von meinem Mund war, sich befanden. Egal. Muss anscheinend so sein dachte ich. Kurz den Gesprächsleitfaden überfliegend, anschließend diesen etwas „frisierend" sollte es los gehen.

Von den Stühlen will ich erst gar nicht erst großartig anfangen zu erzählen. Rückenschmerzen vorprogrammiert! Ein Kollege krachte gleich beim ersten Mal auf den Boden, weil der Stuhl, welcher ihm zugewiesen wurde, unter seinem nicht allzu hohen Gewicht zusammenbrach.
Es war auch an der Normalität, dass, wenn irgendwo im Callcenter ein Stuhl kaputt ging, dieser dann ohne zu Fragen bei uns ausgetauscht wurde, was zu unserem Nachteil wurde, dass wir nach kürzester Zeit nur noch alte kaputte Stühle hatten.

Rechts neben mir saß eine Kollegin welche meinte, durch ihre permant, lauthalsige gute Laune zur guten Stimmung im Team beitragen zu müssen, links neben mir eine Kollegin, welche schon einige Zeit CallCenterAgent war und meinte, durch gute Ratschläge einem das Arbeitsleben erleichtern zu können. Links vor mir eine ebenso laute wie auch künstlich gutgelaunte Kollegin, und rechts vor mir eine italienische Kollegin, welche eine sogenannte „Sparcard" den „Kunden" anzudrehen versuchte.

Ihre extremste Freundlichkeit und Wortgewandtheit war schon auffallend. Sie zählte zu den erfolgreichsten Verkäufern im Callcenter. Also zu den größten Betrügern?. Ergo, eine Lautstärkepegel, der seines gleichen suchte.

Ich der CCA (CallCenterAgent)

Guten Tag mein Name ist Torsten W. Albert vom EarthPic - Verlag, bin ich richtig bei …? „Bei „JA". Schön dass ich Sie erreiche, was einige Zeit später verboten wurde, da dieser Satz "schön dass ich Sie erreiche" sofort darauf hinweisen würde, dass es sich um ein Callcenter handelt welches anruft. Bei „Nein", mit wem spreche ich denn jetzt? Herr/Frau………. Ich habe heute ein ganz besonderes Angebot für Sie. Wie aus meinen Unterlagen ersichtlich sind Sie ja schon jahrelang Kunde bei unserem Hause und interessieren Sie sich für …. (wurde aus dem Dialer ersichtlich was sie als letztes bestellt hatte)

Frau/Herr… mein heutiges Angebot nur für Sie bestimmt, fünf Bücher zum Preis von einem, Hardcover, blablablabla….Sie sparen 80% des Preises, welchen sie normalerweise in den Ladengeschäften bezahlen. Das klingt doch gut für Sie? Frau/Herr… um Ihnen diese Ersparnis auch zuteilwerden zu lassen, sende ich Ihnen diese fünf Bücher ihrer Wahl zum Preis von wie schon gesagt von Einem zu, das ist doch auch in ihrem Sinn? blablablabla… Nach einem erfolgreichen oder nicht erfolgreichen Gespräch, kam die vom Gesprächsleitfaden vorgegebene Verabschiedung.

Herr/Frau… wenn wir wieder etwas ganz besonderes für Sie haben, darf ich Sie dann unverbindlich anrufen? (so erhält man ein Optin)
Frau/Herr…. Der Versand kostet sie 3,75 € das Päckchen wird heute noch versandfertig gemacht. Ich bedanke mich für das nette Gespräch. Auf Wiederhören.
Keine geschlossenen Fragen, Suggestivfragen sind nicht gestattet, aber wenn man sie stellt, nicht unerwünscht.

Es klappt, verdammt ich bin wieder da. Ich hatte eine Erfolgsquote von nahezu 40 % meiner getätigten Anrufe. „Yes I can". Ich war in meinem Element. Über die Freude der Kunden, welchen ich etwas angedreht hatte bei Erhalt des Päckchens machte ich mir keine Gedanken. Sie hätten ja auch nur „Nein" sagen müssen, was aber dann eine noch extremere Einwandsbehandlung zur Folge hatte. Psychologisch aufgearbeitet, welches in der Regel kein Schlupfloch zulässt.

Die Teamleiterin saß währenddessen grimmig dreinschauend an Ihrem Schreibtisch und warf uns lediglich verächtliche Blicke zu. Wir waren ihre „Sklaven".

Wenn man rechts, links, vorne und hinten Geschrei um sich hat, bekommt man mit der Zeit einen regelrechten Tunnelblick. Ich bekam nichts mehr mit um mich herum, was sich im Nachhinein auch als Vorteil herausstellte.

Guten Tag mein Name ist... 10-mal die Stunde, 80-mal am Tag, 450-mal die Woche, incl. samstags.
Sollte man einmal es zu wagen, das Bedürfnis zu haben auf die Toilette gehen zu müssen, durftest Du nur, wenn kein anderer Agent in der Pause oder auch auf dem WC war. Egal wie dringend du musstest.
Bezahlt bekam man natürlich die Zeit nicht. Man musste sich in einem Zeiterfassungssystem „ausloggen" wie bei den Pausen oder wenn man den Arbeitsplatz verlies.

Mein erster Tag neigte sich dem Ende entgegen. Ich war fix und fertig. Von wegen, telefonieren macht nicht müde. Es macht dich fertig. Schon am ersten Tag fuhr ich mit einem schlechten Gewissen nach Hause. Nicht meinem Arbeitgeber gegenüber, dem hatte ich 29 Aufträge erarbeitet. Nein ein schlechtes Gewissen den 29 Kunden gegenüber. Aber es legte sich mit der Zeit, man wird sozusagen stumpfsinnig dem gegenüber was man gearbeitet hatte.

Mein erster Tag, ich hatte sage und schreibe 8 mal 7,50 brutto, minus Toiletten und Pausenzeit, verdient! Auf die eine oder andere Art war ich stolz auf mich. Ich gehörte wieder dem „arbeitenden Volk" an, ich war wieder gesellschaftsfähig.
Dies war der erste Tag von über 1000 in denen ich meinem gesundheitlichen Inferno entgegen ging.
Ich dachte jetzt schon Urlaub! Mir standen immerhin 24 Tage pro Jahr zur Verfügung welche ich, so meinte ich zumindest damals, nehmen kann falls ich sie brauchte.

Wie in Trance fuhr ich nach Hause. 17 Uhr Feierabend, 17:30 zu hause. Meine Frau empfing mich mit einem strahlenden Lächeln, das erste Schöne was ich an diesem Tag zu sehen bekam.
„Na wie war es?" fragte sie mich erwartungsvoll.
„Prima" war meine Antwort, hatte 29 Verkäufe.
Sie war stolz auf mich! Ich aber nicht auf mich. Ich hatte in irgendeiner Weise ein schlechtes Gewissen. Wollte ich ihr aber nicht sage.
Wie sagte Steppi, ein Fußball-Bundesliga-Trainer in seinem unnachahmlichen jugoslawischen Akzent immer: „Lebbe geht weida"!
Es ging weiter.

Ich lag abends schon recht früh im Bett, der ungewohnte 8 stündige Arbeitstag forderte seinen Tribut.

Wie schrieb einmal Tom König von Spiegel online so treffend:

Callcenter gelten als Vorhölle des Kapitalismus. Aber wie fühlt es sich eigentlich an, wenn man als Agent den ganzen Tag Kundenfragen beantworten muss? Wer in einem großen Versandhaus den Gesprächen lauscht, versteht plötzlich, warum Service per Telefon so schwierig ist.

Neuer Tag, neues Glück

Ich fing tags darauf um 11:00 Uhr an. Bis abends 20 Uhr. Wieder „Guten Tag mein Name ist..." 10-mal die Stunde 8 Stunden am Tag. Frau Metzger-Motz rief zur Schulung. Produktschulung! Ich konnte mir nicht vorstellen, dass sie jemals ein Buch das sie schulte, gelesen hatte.

Was ist Belletristik? Keinen Schimmer , woher denn auch. Laut Wikipedia: *Zur* **Belletristik** *werden im Buchhandel die verschiedenen Formen der Unterhaltungsliteratur gezählt wie beispielsweise die literarischen Genres* Roman *und* Erzählung.

Frau Metzger-Motz fühlte sich anscheinend persönlich beleidigt, weil ich es nicht wusste. Sie Frau Schnipsel, TL vom Inbound, was mir bis zu diesem Moment unverständlich war auch bei der Schulung dabei. Wie ich später erfuhr war sie Schulungsleiterin. Ach du Schande. Metzger-Motz und Schnipsel schauten sich nur dümmlich grinsend an, so nach dem Motto. Wusste ich es doch, dass er ein Idiot ist. Weiter ging es mit der Schulung. Jeder musste die Klappeninnenseiten eines Buches lesen und dann das Buch sozusagen den beiden Damen „verkaufen" mit Inhaltsangabe. Das war nun wieder mein Metier. Ich war ja

Verkäufer und der Vertrieb war meine Sache. Ich verkaufte Ihnen das Buch so, als wenn ich es selbst geschrieben hätte. Klappentext war Nebensache, ich log dass sich die Balken bogen, was alles in dem Buch drinnen stand, aber sie waren beeindruckt.

„Genau so musst du es den Kunden rüber bringen, genauso" jubilierte Metzger- Motz. Ich verstand nicht ganz, behielt diese Gedanken aber bei mir. Sollte ich etwa die Kunden belügen, was ich dann auch gleich fragte. Das ist keine Lüge, das ist Verkauf! Es ist uns egal wie verkauft wird, Hauptsache dass etwas verkauft wird.

Ups, Günter Wallraff viel mir wieder ein: „In Callcentern werden Betrüger ausgebildet". Hatte er im Endeffekt doch recht?

Ich blieb meinem Stil treu, welcher auch erfolgreich war. Auch einige Kollegen nahmen sich das Gesprochene der Teamleiterinnen zu Herzen. Die Auftragsquote stieg, wie die Laune von Metzger-Motz, jedoch die Stornoquote stieg in gleichem Maße, was ihre Laune wieder auf den Nullpunkt brachte.

Vorzeigeagent

Die Wochen verrannen. Inzwischen war es schon so weit, dass ich mich zuhause am Telefon mit „guten Tag mein Name ist Torsten W. Albert vom Earthpic-Verlag meldete" und ein „Sag mal hast du noch alle Latten am Zaun" von meinem Freund zu hören bekam.

Ich war voll im Element. Auch schon meinen ersten Anschisse vom Callcenterleiter bekommend, welcher wie ich schon am ersten Tag vorgeahnt hatte, ein geltungssüchtiger, cholerischer Vollidiot war. Wegen eines Bon Bons hat er mich mal sowas von zur Schnecke gemacht, dass man es kaum glauben konnte. Er brüllte wie ein Wahnsinniger mich an, was mir einfallen würde, während der Arbeit mir Essen zwischen die Zähne zu schieben."Sie sind ja des Wahnsinns, was sollen denn unsere Kunden denken" usw. usw. usw., er brüllte wie schon gesagt, wie ein Irrer. Er drohte mir dann auch noch, falls es noch einmal vorkommen sollte, mit fristloser Kündigung. Wegen einem Bon Bon, welches ich gegen Unterzuckerung mir in den Mund schob, was ich zu meiner Verteidigung zu erwähnen versuchte, er dies aber nicht gelten ließ.
Ich lasse mich dadurch nicht beeindrucken, dachte ich damals zumindest, das schlechte Kopfge-

fühl beiseite schiebend, was ich dann in Zukunft immer mehr tat. Was für ein verhängnisvoller Fehler.

Während der Mittags-Pause ging ein Kollege immer „außer Haus", was mich etwas erstaunte, da die Zeit sehr knapp bemessen war.
Wenn er dann wiederkam, war er ungemein gut drauf. Ich fragte ihn danach und er sagte nur: "Geh halt mal mit", was ich dann auch Tags darauf tat. Wir gingen zu seinem Auto und setzten uns hinein. Ein alter klappriger VW Bus mit Priel – Blumen verziert. Ach du ahnst es nicht, wie geschmackvoll ging es mir durch den Kopf.
Er zündete sich eine Zigarette an. Zigarette? nein es war gar keine Kippe, es war eine Tüte! Ich fiel fast vom Glauben ab. Der haute sich doch tatsächlich einen Joint rein. Breit grinsend reichte er ihn mir. "Am Mittag ein Joint und Metzger-Motz ist dein Freund" meinte er immer breiter grinsend. Wie Recht er hatte. Diese Frau und diesen Job kann man nur unter Drogen ertragen.
Ich nahm die Tüte, wie auch gleich einen gewaltigen Zug, dann noch einen und noch einen. Nach der Mittagspause gingen wir beide im Duo dümmlich grinsend wieder ins Callcenter und nahmen unsere Arbeit auf. So leicht ging es noch nie. Ich log die Kunden an, dass die Schwarte kracht und verkaufte wie selten zuvor.

Dies wurde zur Regelmäßigkeit, anstatt etwas zu essen hauten wir uns einen Joint rein. Extrem gesund. Kaffee ,Zigaretten, Joint wieder Kaffee und Zigaretten.

Wie mir von Freunden bestätigt wurde, waren wir kein Einzelfall. Einige Kollegen gingen auch an die nahegelegene Imbissbude und tranken dort ein, zwei oder drei Bier sowie auch harte Sachen wie Schnaps oder Cognac. Warum? Ich bekam im Laufe der Zeit zu hören, dass diese Kollegen sich lieber einen „genehmigten" um ihre Frust und die Erniedrigungen ertragen zu können.

Leider kamen diese Vorkommnisse nie bis zur Chefetage durch. Ich bin mir jedoch auch nicht sicher, ob es etwas geändert hätte.
Es wird zwar immer wieder lauthals verkündet, dass gutes und zufriedenes Personal das Wichtigste ist, was ein Unternehmen überhaupt haben kann, jedoch wie mit dem Personal umgegangen wird, ist für Außenstehende nicht nach zu vollziehen.
Nicht von ungefähr ist die Mitarbeiterfluktuation und Krankenquote in diesem Gewerbe so extrem hoch.

Keinen Lohn

Es kam ab und zu, nein eigentlich recht oft vor, dass entweder die Technik nicht funktionierte, oder die Adressen zu Ende gingen. Wir wurden dann nach Hause geschickt! Unbezahlter Urlaub sozusagen, was die Teamleiter „ZA" (Zeitausgleich) nannten. Ich fuhr teilweise wegen 40 Minuten zur Arbeit, um dann wieder unbezahlten Zeitausgleich (ZA) nehmen zu müssen.

Der erste Monat ging zur Neige und ich war immer noch guter Dinge, dass alles besser werden wird. Mein erstes Gehalt. Nicht am Ersten, nein am Fünften. Sage und schreibe 1200 € Brutto, was netto ca.870 € waren. Ich hatte einen unfassbaren Stundenlohn von sage und schreibe 5,43 € NETTO! Von wegen man bekommt noch Provision. Davon war nichts aber rein gar nichts zu sehen, geschweige denn zu hören. Es wurde ohne zu fragen unter den Tisch fallen gelassen.
Ich hatte meine Verkaufsziele erreicht, was man von anderen Kollegen leider nicht sagen konnte.
Wie schon gesagt, der Monat war zu Ende und am Folgemonat waren diese Kollegen, welche ihre Verkaufszahlen nicht erreicht hatten, zu meiner Überraschung auch nicht mehr da. Sie wurden kurzum gefeuert. Probezeit lässt grüßen!
Aber wieso war Detlev, mein Joint-Kumpane

nicht mehr da? Der hat doch recht gut verkauft, er war doch auf der Rangliste nach mir auf Platz zwei.

Zur Info. Detlef war schwul, eine richtige, liebenswürdige Tunte. Er machte auch keinen Hehl daraus, er gab sich so wie er war. Ein ganz feiner und lieber Kerl. Er hatte nur das ganz große Pech, dass der Callcenterleiter Caruso bezugnehmend auf Homosexuelle sehr intolerant war.

Ich sah Detlev nie mehr. Er sollte aber nicht der letzte Homosexuelle sein, welchen ich im Callcenter kennenlernte. Metzger- Motz äußerte sich auf Nachfrage hin in keinster Weise, bzw. machte Detlev noch schlecht in Form von zu hoher Stornoquote etc.

Die „Raucherpause" war damit auch weggefallen. Ein Kollege wagte es einmal nachzufragen, wie es in dem Betrieb mit einem Betriebsrat steht. Ganz schlechte Frage. O-Ton des Inhabers des Unternehmens Herr Schnauzer: "Sobald es hier einer wagen sollte, in meinem Unternehmen einen Betriebsrat zu gründen, wird der Laden sofort geschlossen und sie fliegen alle raus". Soviel zum Thema Gewerkschaft und Betriebsrat.

Dem nachfragenden Kollegen wurde sofort „ZA" gegeben, auch er ward nie mehr gesehen.

Meinungsfreiheit bzw. Verbesserungsvorschläge wurden im Keim erstickt.

Die Arbeit viel immer schwerer. Angst vor den Vorgesetzten, welche ununterbrochen mit Entlassung drohten, Gewissenbisse den Kunden gegenüber und das nach grade mal vier Wochen. Wie soll es weiter gehen. Ich fuhr oft nach Hause mit einem schlechten Gefühl. Es deprimierte mich, dass ich so einen Job hatte. Aber besser diesen als keinen, war dann der Folgegedanke.

Meine Familie durfte ich nichts merken lassen von meinen Zweifeln, von meinen Ängsten welche tagtäglich mehr wurden. Ich kam wie immer „froh gelaunt" nach Hause, den Erfolg welchen ich zweifelsohne hatte, mitteilend. Sie waren stolz auf mich und das war gut so. Dass ich abends schon gegen 21 Uhr ins Bett ging, wurde als Müdigkeit der anstrengenden Arbeit akzeptiert. Ich lag jedoch noch lange wach und sinnierte nach. War es gut was ich tat? Ich begann heimlich Baldrian zu nehmen, mir einbildend dass es mir hilft. Meine Familie durfte ganz einfach nichts von meinem psychischen Niedergang mitbekommen.
Die erste depressive Phase begann ohne sich vorher anzumelden. Ich hatte Angst vor dem was mich auf der Arbeit erwartet. Sollte ich ärztliche Hilfe in Anspruch nehmen? "Nein" ich doch nicht! Mit Angst konnte ich umgehen, da ich mir lange Jahre zuvor schon ein Trauma, welches mit

extremen Panikattacken einhergeht, eingehandelt hatte. Ich bin doch kein Weichei. Habe schon schlimmere Phasen überstanden. Ich redete mir ein, dass es mir gut geht. Was für ein Fehler. Ich schlitterte immer mehr in die Krankheit hinein, von welcher ich meinte, sie schon lange „im Griff " zu haben. Dass ich zu der Zeit schon an Depression litt, kam mir nicht in den Sinn.
Also arrangierte ich mich damit und setzte mir eine Maske auf, nur um allen zu zeigen was für ein gestandenes Mannsbild ich war

Lichtblick

Unser Team bekam Zuwachs. Da zum letzten Monatsende einige Kollegen „ZA" bis zu ihrem Ausscheidungstermin bekommen hatten, wurden neue Kollegen eingestellt. Ich hatte inzwischen auch den bemitleidenden Blick drauf als die neuen Kollegen uns vorgestellt wurden. Wie ich bei meiner Einstellung von den anderen Kollegen zugeworfen bekommen hatte.
„Vollprofis" wurde uns mitgeteilt. Metzger-Motz setzte ihr fiesestes Grinsen auf. Der Druck wurde noch größer, die Angst vor dem Arbeitsplatzverlust wuchs.
Mir als „Vorzeige-Agent" wurde ein „Neuer" zum Einlernen zugeteilt. Er setzte sich neben mich und hörte bei den Gesprächen mit einem zweiten Headset zu Schulungszwecke mit.
Unerlaubterweise. Obwohl es gesetzlich vorgeschrieben ist, durften wir den Kunden, nicht sagen, dass jemand mithört.

Ich gab mein Bestes. Charmant und dem Kunden Honig um den Mund schmierend, versuchte ich wieder etwas zu verkaufen. Was mir auch bei vier von zehn Anrufen gelang. Mein Zögling war sichtlich beeindruckt. Er, ein mir zu diesem Moment suspekt vorkommender Mann mit norddeutscher Aussprache. Gänzlich schwarz angezogen, kurzer, schwarz gefärbter Stoppelschnitt, weise schon fast ungesunde Gesichtsfarbe. Aber sowas von liebenswürdig, dass man es fast nicht beschreiben konnte.

In der Folgezeit wurde er einer der besten Agents im Outbound. Ich war natürlich auch etwas stolz auf mein „Einlernen", obwohl ich ihn nur zuhören lies und ihm ab und zu einen gut gemeinten Tipp gab. Theodor!
Ein mir noch heute, ich darf Stolz sein es sagen zu dürfen, sehr, sehr guter Freund. Er hatte es drauf. Seine Norddeutsche, etwas feminine Höflichkeit kam anscheinend bei der Kunden so extrem gut an, dass er mir den Rang ab lief. Super Theo. Auch er ruinierte in dem Callcenter fast seine sowieso schon angeschlagene Gesundheit.

Später machten wir, als ich dann schon Teamleiter war „Showtelefonate". Das soll heißen, wenn es bei den Kollegen nicht so gut lief, nahm ich mir ein Headset, mir meines Könnens extrem sicher und Theo nahm sich eines. Wir telefonierten sozusagen um die Wette, meistens mit durchschlagendem Erfolg. Die Kollegen freuten sich jedes Mal wenn wir so eine Show verführten. War wenigstens etwas Abwechslung während des öden Telefonierens.

Theo und ich puschten den Umsatz in nicht erwartete Höhen. Wir verkauften ohne Rücksicht auf Verluste und hängten noch Upsells an den Verkauf, dass es die reinste Freude für unseren Teamleiter sein musste.
In der Metzgerei bekommt man „darf es ein bisschen mehr sein" zu hören, wir sagten „Herr/Frau... zum Abschluss unseres sehr netten Gespräches habe ich hier noch eine Besonderheit für sie, welche ich ihnen nicht vorenthalten will und nur ihnen anbieten darf". Betrug auf fast perfektem Niveau.

Nach ca. fünf Wochen standen eines Tages Choleriker Caruso und Metzger-Motz neben meinem Arbeitsplatz. Was denn nun los? Bin ich der Nächste, welcher ZA bekommt? Meine Teamkollegen taten geschäftig, nur um den Beiden keinen Grund für Gemeinheiten oder Zurechtweisungen zu geben.
Anscheinend hat Caruso einen Vorgesetzten vor die Nase gesetzt bekommen, welches ihm ungemein gegen den Strich ging. Seine Laune wurde noch mieser, er war sichtlich angefressen, was seinem Mopsgesicht einen noch hässlicheren Ausdruck verlieh. Ich konnte ihn nicht ausstehen.
Er gehörte inzwischen zu der Sorte Mensch, welche wenn sie brennen würden und ich ein Glas

Wasser hätte, dieses eher austrinken würde als ihn zu löschen.

Albert, Sie sollen unverzüglich zu Herr Markus kommen, bellte mich Metzger-Motz an. Caruso noch nachwerfend, „aber schleunigst, damit sie so schnell als möglich wieder telefonieren können".

Ich zum neuen Geschäftsführer, also nicht das Mopsgesicht, nein zu Herr Markus."Um Gottes Willen, was habe ich denn jetzt angestellt" schoss es mir durch den Kopf.

Wie mir geheißen, nein befohlen wurde loggte ich mich aus dem Dialer aus (wieder unbezahlte Zeit), legte mein mir zuwider gewordene Headset zur Seite und schlich zum neuen Chef. Sehr ungutes Gefühl im Magen, Angst!

Karrieresprung

Ich ging dort hin wo mir gesagt wurde und da saß er. Der mir schon vom ersten Tag an bekannte gutaussehende End- Fünfziger.

Setzen Sie sich meinte er nur kurz, sich nicht von seiner Arbeit abhalten lassend. Mit war übel, ich hatte, da ich noch nie gute Erfahrungen mit Vorgesetzten gemacht hatte, hundsgemeine Angst vor dem was nun auf mich einstürzen sollte, mir war schlecht.
Als er seinen Kugelschreiber zur Seite legte, schaute er mich lange und in einer mir sonderbaren Weise an. „Was habe ich denn angestellt"? fragte ich um die Situation etwas aufzulockern, die Flucht nach vorne antretend. Ich fühlte mich gemustert, dem war aber nicht so. Herr Markus lächelte mich in einer Art an, welche ich von einem Chef nicht kannte. Herr Albert, man muss nicht immer etwas angestellt haben, wenn man zum Chef gerufen wird, war seine Antwort. Meine Gedanken fuhren Achterbahn. Sie sind mir nach meiner Studie der Ergebnisse der Earthpic – Kampagne aufgefallen.
Ach Du Schande, was will er jetzt, ich aufgefallen? Negativ? Mir wurde heiß und kalt auf einmal. Von Selbstbewusstsein war ich zu der Zeit meilenweit entfernt. Bist Du schon wieder ein

Versager, schoss es mir durch den Kopf. Ich wollte am liebsten wegrennen. Ich schwieg auf das wartend was nun auf mich zukommen sollte. Herr Markus begann zu reden. Ich bin mit der Arbeit von Frau Metzger-Motz in keinster Weise zufrieden und obwohl Herr Caruso mir, bei einem Gespräch, so manchen seiner Meinung nach Geeigneten genannt hatte, von welchen ich aber nicht überzeugt war, habe ich mich entschlossen, mir einen Nachfolger für Frau Metzger-Motz zu suchen. Das Projekt „Earthpic" liegt mir persönlich am Herzen und ist mir ungemein wichtig. Daher habe ich mich entschlossen, sie zu fragen, ob sie sich im Stande sehen würden, die Teamleitung zu übernehmen.
Schweigen!
Ich dachte ich dreh jeden Moment durch. Ich? Ähm, hmmmm, stammelte ich… ich Teamleiter? Freundlich mich anlächelnd nickte Herr Markus nur und sagte: „oder können sie mir jemand Befähigteren nennen"? „Nein", ne ganz und gar nicht stotterte ich so, dass es schon fast peinlich war weiter. Es wäre mir eine Ehre für sie Teamleiter sein zu dürfen. Ich glaube ich wurde knallrot im Gesicht, die Hände zitterten und wenn ich nicht gesessen wäre, hätte es mich mit Sicherheit umgehauen.
Gut Herr Albert, dann freue ich mich auf eine erfolgreiche Zusammenarbeit, mir seine Hand

entgegenstreckend. Ich schlug ein und wusste nicht wie mir geschah. Es war auch gleichzeitig der Anfang eines sehr herzlichen Verhältnisses zwischen Herr Markus und mir, welches später dann zur „Duzfreundschaft" wurde.
Wir gingen zusammen zum Callcenterleiter Caruso, welcher über die Neuerung unverzüglich in Kenntnis gesetzt wurde. "Willkommen im Fahrstuhl nach oben" waren seine, ich mir 100%ig sicher, nicht ehrlich gemeinten, schleimigen Worte.

Frau Metzger-Motz wurde dazu gerufen um ihr durch CCL Carusos unnachahmlichen, liebeswürdigen Art an den Kopf geknallt zu bekommen, dass ab sofort ich der neue Teamleiter sei und sie mich bitte in den TL Job einzulernen habe. Ihr war das Weinen näher als das Lachen, sie tat mir auf die eine oder andere Art leid, jedoch dachte ich mir insgeheim „Gemeinheiten zahlen sich doch nicht aus"

Teamleiter

Einlernen als TL. (Teamleiter). War ich aufgeregt.
Ich dachte nun eine Schulung über ein paar Tage hinweg zu bekommen auf was ich alles achten musste. Ich bekam eine Schulung und was für eine. Mir wurde gezeigt wie das Innenleben des Dialers aussah, wie Statistiken zu erstellen sind usw., usw. nach 45 Minuten war die TL-Schulung beendet, Metzger-Motz wünschte mir mit einem ganz dreckigen Lächeln auf den Lippen viel Spaß, mich noch wissen lassend, dass sie heil froh sei, endlich diesen Scheißjob los zu sein und ward nicht mehr als TL gesehen.

Sie wurde in den Inbound versetzt, von wo sie dann in Heimarbeit ihre Arbeit tätigte.

Da saß ich nun. Nicht ahnend was auf mich zu kommt. Der Aufstieg in den Abstieg war getan.

Herr Markus berief eine Teamsitzung ein. Alle Agents des EarthPic-Teams sollten sich im Schulungsraum einfinden, was sie auch unverzüglich taten.
Ich ging mit und setzte mich zu meinen Kollegen, bis Herr Markus mit Herr Caruso im Schlepptau zur Tür herein kamen, welcher auch

sofort mit hochrotem Kopf, sich wie immer zu wichtig zu nehmend, das Wort ergriff.

Mit sofortiger Wirkung ist Frau Metzger- Motz nicht mehr Eure Teamleiterin, da sie nicht unseren Ansprüchen genügte. Ihr habt zusammen mit Ihr das neue Projekt fast an den Abgrund gefahren, so dass wir handeln mussten, waren seine barschen Worte, mit dem Feingefühl einer Dampfwalze.

Herr Markus schaute ihn ganz erstaunt an und ergriff dann das Wort, immer noch den Kopf schüttelnd.

Meine Damen und Herren, ich möchte ihnen die erfreuliche Mitteilung machen, dass der EarthPic Verlag nicht unzufrieden mit Ihrer Arbeit ist, jedoch wären sie noch zufriedener, wenn der Umsatz noch etwas nach oben gehen würde. Da ich den EV (EarthPic-Verlag) im Hause behalten möchte und es nicht Herr Caruso gleich tun will, welcher dieses Projekt schon zweimal „in den Sand" gesetzt hat, habe ich mich entschlossen, in der Teamführung unter Einverständnis von Frau Metzger- Motz etwas zu ändern. Ich danke Frau Metzger-Motz für Ihre bisher geleistete Arbeit. So die extrem, diplomatischen Worte „meines" neuen Chefs Herr Markus.

Ich bewunderte ihn ob seiner sehr gewählten Ausdrucksweise, wie ich nie vorher jemanden

bewundert hatte. Ich war stolz mit und für ihn arbeiten zu dürfen, dass ich es nicht beschreiben konnte. Wen könnte es besser geben dieses Team zu leiten, als ein Agent aus ihren eigenen Reihen, welcher in den vergangenen Wochen bewiesen hat, was in ihm steckt und er als Umsatzstärkster sich hervor getan hat. Sie wissen sicherlich schon wen ich meine, fuhr er leicht lächelnd fort
Ich spürte die Blicke meiner Kollegen! Mir wurde wieder heiß, kalt alles auf einmal und ich war vor Stolz den Tränen nahe. Noch vor Stolz, später dann aus Verzweiflung.
Liebes Team, dass ich Ihnen ihren neuen Teamleiter, Herr Torsten W. Albert nicht vorzustellen brauche dürfte wohl jedem klar sein, jedoch möchte ich Herr Albert für sein neues Aufgabengebiet alles erdenklich Gute wünschen und ihm zurufen, Herr Albert meine Tür steh ihnen immer offen.
Dass damit das Martyrium Caruso/Zwiebel gegen mich erst richtig begann, konnte ich in diesem Moment noch nicht ahnen, dass Metzger-Motz eine persönliche Freundin dieser beiden war, wusste ich nicht, was aber an der Tatsache geschuldet, dass sie fast das Projekt zum dritten Male in den Sand gefahren hätte, nichts änderte.

Ich ergriff, nachdem ich unmissverständlich von Herr Markus signalisiert bekommen hatte dies zu tun, das Wort und bedankte mich für das Vertrauen und dass ich mein Bestes geben werde usw. usw.usw... jedoch nicht ohne meinem Team zu sagen. Durch diese Beförderung ändert sich zwar, dass ich nicht mehr „einer von den Agents" war sondern verantwortlich für das Team, aber, dass ich, egal was es sei, ob geschäftlich oder privat, immer ein Ohr offen haben werde und immer bereit sei, ein vertrauliches Gespräch zu führen. Ich bekam Applaus, ich fühlte mich richtig gut, aufgeregt aber verdammt gut.

Dass ich nun in der Führungsetage angelangt war und ich mir keinerlei Gedanken mehr über ob ich nun ein Betrüger sei oder nicht, war mir in diesem Moment so ziemlich egal. Ich wurde, so muss ich zu meiner Schande eingestehen, zu einem Mann ohne Skrupel. Nur noch eines im Sinn. Erfolg, egal wie! Meine Teams, die ich in Zukunft zu leiten hatte, waren alle auf die eine oder andere Art erstaunlicherweise erfolgreich. War ich nun zum Teamleiter der Betrüger mutiert?

Dieses sollte der Anfang meiner „depressionsfreien" Tage gewesen sein.

Normalerweise hätte ich an diesem Tag um 16 Uhr Feierabend. Ich verließ 22.30 Uhr das Gebäude, wie in Trance, ich hatte es geschafft, ich war Teamleiter. In der näheren Zukunft machte ich eine „Arbeitstherapie", was heißen soll, dass ich mich um meine Ängste, Sorgen und Nöte bei Seite zu schieben, mich voll in die Arbeit stürzte. Ob der Verspätung sich schon Sorgen machend, empfing mich eine Frau mit vorwurfsvollem, aber auch erleichtertem Blick. Nachdem ich ihr das Geschehene des Tages erzählt hatte, gingen wir gegen 1.30 Uhr ins Bett. Sie war sehr stolz auf mich. 6 Uhr, der Wecker klingelt. Aufstehen, duschen, während der Kaffee langsam durch die Maschine rann.
Kein Tag wie jeder Andere, keiner wie zig Tage und wie alle Tage zuvor. Maximal 4 Stunden geschlafen ich war euphorisch, dass mir der wenige Schlaf nichts aus machte.

Doch ein besonderer Tag für mich. Ich hatte eine neue Aufgabe. Ich war Teamleiter des EarthPic-Teams. Ich fuhr zu „meinem" Geschäft, normalerweise war 8:00 Uhr Schichtbeginn, ich war 7:15 schon da. Wollte es allen beweisen – ALLEN! Auch mir?

Ich kümmere mich ...

...um mein Team, um meine Auftraggeber um einfach alles. Nahm ich mir zumindest vor.
Mein Team trudelte so langsam ein. 7.55 Uhr, 8.00 Uhr, 8:10 Uhr... usw. Disziplin wo warst Du geblieben? Da muss ich was machen! Ich wurde vom Agent zum Teamleiter...zum Chef! Innerhalb nicht einmal 12 Stunden? Was war passiert. In mir hatte sich ein Schalter um gelegt. Ich war nun wichtig bildete ich mir ein. Dies ließ ich auch auf die eine oder andere Art meine Agents spüren. Leider. Ich nahm mich in dieser Zeit wichtig, zu wichtig.
Herr Markus kam immer gegen 9:30 Uhr und ging meistens gegen 19:00 Uhr.
Ich kämpfte mich durch den Computer, Dialer, Statistiken, Kundenanschreiben und und und... liebe Güte war das alles neu und teilweise unverständlich. Frau Aufwiedersehen, welche ihren Schreibtisch neben dem meinen hatte, stand mir mit Rat und Tat zur Seite. Sie war eine nette, sich nach dem „Fähnchen im Wind" Prinzip durchschlagend Kollegin. Ich nahm mir als Teamleiter nun die Freiheiten, welche ich bisher nicht hatte.
Ich ging zur Toilette, wann ich musste, ich ging zur Pause wann ich Lust hatte. Stand mir auch als TL zu. Dachte ich zumindest.

Erste Teambesprechung als das gesamte Team anwesend war. Ich machte ihnen unmissverständlich klar, was ich erwartete. Punkt eins! Pünktlichkeit! Pünktlich 8:00 oder Mittagsschicht 11:00 Uhr wollte ich „meine" Agents mit Headset am Arbeitsplatz sehen. Pausen: immer nur Zwei, so dass immer telefoniert wurde! Die Toilettenregelung schaffte ich ab! Mein Team sollte Selbstdisziplin lernen. Von diesem Augenblick wurde ich von vielen nicht mehr „Torsten" genannt, sondern nur noch „Chef". Erfreulicherweise respektierten sie auch meine Anordnungen, was hieß, sie respektierten mein Tun. Ich fühlte mich bestätigt. Was mir in den folgenden Tage dann extrem auffiel, dass sich ehemalige Kollegen, jetzige Teammitglieder von mir entfernten, im Umkehrschluss einige anfingen zu „kriechen".
Ich hielt Schulungen ab, Verkaufsschulungen, Motivationsschulungen, Produktwissen und vieles mehr. Die Verkaufszahlen stiegen, Herr Markus war zufrieden, mein Team hatte sich an meine Anweisungen gewöhnt, sie lernten mich „zu lesen". Der Neid anderer Teams wie auch Teamleiter war auf einmal spürbar.

Es wurden immer mehr neue Agents im Team eingesetzt. Herr Markus und Herr Schnauzer wollten expandieren.

Ein Kommen und ein Gehen, es war teilweise frustrierend für mich, die Unzufriedenheit meinerseits wuchs, die Angst zu versagen in gleichem Maße.

Es wurden mir „Erfolgsvorgabezahlen" vorgelegt, welche ich zu erreichen hatte. Egal wie.

Ich schulte, direkt am Platz durch mithören, oder das ganze Team mein ganzes Wissen in Sachen Verkauf meinen Agents weitergebend. Ohne schlechtes Gewissen, ohne Skrupel.

Meine Teams musste die „Zahlen" erreichen ohne wenn und aber. Meine Agents zahlten mir meine Bemühungen mit guten Leistungen zurück.

Der Druck dem ich mir selbst aussetzte war immens. Ich wollte allen zeigen, was in mir steckte, dass ich kein Versager bin. Auf Kosten meiner Gesundheit.

Umfirmierung

Herr Markus berichtete mir, bei einem der zahllosen Besprechungen, dass sich das EarthPic Team von der „Sympathischen" Firma in welcher ich so von Caruso und Zwiebel erniedrigt wurde, trennen wird und eine eigene Firma entstehen soll. Ich war begeistert! Endlich aus den Klauen von Caruso, diesem Choleriker.
Gesagt getan, Wir kümmerten uns um ab sofort um Agents, Verkauf, Kunden, wir waren nicht nur sympathisch!
Ich wurde zur Nummer 2 in der neuen Firma, die rechte Hand von Herr Markus. Caruso meinte noch einmal mir seinen Stand in dem Callcenter reindrücken zu müssen, jedoch hatte er die Rechnung ohne Herr Markus gemacht.

Herr Caruso, merken Sie sich eines, ab sofort werden sie Herr Albert nicht mehr als „Mitarbeiter" sondern als Kollegen behandeln, sie sind zuständige für die sympathische Firma, Herr Albert für uns. Haben sie das verstanden? Caruso willigte zwangsweise, zähneknirschend ein und versprach genauso mich in Zukunft als Kollegen zu sehen und zu behandeln. Ich glaube er hatte hinter seinem Rücken die Finger verschränkt, es war eine Lüge. Er und Frau Zwiebel, welche sich inzwischen als Paar outeten, gaben jetzt erst richtig Gas.

Meine Arbeitstage hatten inzwischen die 10 Stunden pro Tag locker überschritten, mein Gehalt war immer noch 7,50 € brutto /Std.
Inzwischen war ich bei meinen Agents teilweise beliebt und geachtet, vom Rest des Callcenters wurde ich als „Schleifer" hingestellt. Die Teamleiter Kollegen der andern Firma erzählten die reinsten Horrorgeschichten. Obwohl sie behaupteten, dass keiner freiwillig in mein Team wolle, wurde ich laufend gefragt, eben von diesen Agents die „nicht zu Albert wollten", ob ich es nicht einrichten könne, dass sie wechseln können! Der Neid über meinen Erfolg, kratzte extrem an dem Ego der anderen Teamleiter, jedoch machte ihnen auch Caruso „die Hölle heiß".

Wo war ich gelandet? Intrigen, Missgunst und Lügengeschichten waren an der Tagesordnung. Ich war aus Leib und Seele „Chef". Die neue Firma florierte. Ich hatte den Arbeitsvertrag Nummer 000001.

Ich war stolz, warum nur?

Auf was? Dass ich ein Teamleiter, Projektleiter, Personalchef, Schulungsleiter und Callcenterleiter in Spe alles in Personalunion für 7,50 € /Std war? Titel ohne Mittel, welche mir meine Gesundheit kosteten, nur zu der Zeit war meine Therapie Arbeit, Arbeit, Arbeit.
Herr Markus forderte immer mehr Mitarbeiter. Er und ein über 70 jähriger Mitarbeiter des Vertriebes akquirierten neue Projekte.
Ein TV Anbieter, Urlaubsgutscheine verschenken und das mir schon leidig bekannte „Kinderunfall-Projekt", waren neue Aufgaben.
Die Agents meiner Teams beschwerten sich täglich, dass man wieder die uns noch verbliebenen einigermaßen guten Stühle gegen kaputte ausgetauscht, dass man wieder Headsets heimlich getauscht hatten usw. Die andere Firma machte uns das Leben wahrlich nicht leicht. Meine Sorgen und Ängste wurden dadurch nicht weniger.

Es wurden Schulungen von den Projektanbietern gemacht, in denen meine Mitarbeiter geschult bekamen, wie man „erfolgreich telefoniert". Heute sage ich, wie man den Gegenüber über den Tisch zieht.
Beim Kabelfernsehen wurden die Menschen dies bezüglich „belogen", dass man sagen musste,

wenn sie das Angebot zur Umstellung auf Kabelfernsehen nicht zustimmen, in geraumer Zeit sie keinen Empfang mehr über ihre TV-Antenne (Schüssel) haben und sie dann zu einem weit höheren Preis doch umstellen mussten. Herr Wallraff hatte recht! Es wurden Betrüger ausgebildet.
Aber nicht nur die Kunden, sondern auch die Mitarbeiter wurden beschissen. Es wurde ihnen das „blaue vom Himmel" versprochen, in Sachen Provision und Zuverdienst, verdient haben sie jedoch immer nur das, was ich auch Monat für Monat auf meinem Gehaltszettel stehen hatte. 7,50 € brutto.
Ich fühlte mich schlecht gegenüber meinen Teams. Sie arbeiteten für Ihr Geld und Provisionen, obwohl ich sie weitergemeldet hatte, wurden tunlichst nicht bezahlt. Mein Gesundheitszustand ging rapide nach unten. Ich hatte Angst davor, meinen Mitarbeitern in die Augen zu sehen, weil ich meinte, einer derjenigen zu sein, die sie um die Provision betrügen.
Das EarthPic Verlag-Team war inzwischen auf 30 angewachsen. Ich stellte neue Mitarbeiter ein, unter welchen Leute darunter waren, welche wirklich froh sein durften, dass sie im Callcenter untergekommen sind. Diese hätten in der freien Wirtschaft nie und nimmer einen Job bekommen, ich hatte falsches Mitleid mit ihnen obwohl es mir auch so eingehämmert wurde. Diese Men-

schen taten mir nur noch leid und ich hatte tagtäglich ein schlechtes Gewissen.

Mir viel auf, dass es auch Mitarbeiter nicht so genau mit der Hygiene wie auch mit dem, was sie aßen nahmen. Es wurden Beschwerden laut, dass man es teilweise vor Gestank nicht aushalten konnte, welche manche aussendeten. Mitarbeiter kamen zu Schichtbeginn mit Plastiktüten des nahe gelegenen Supermarkts voll mit Chips, Flips, Schokolade und weiteren „Fettmachern" an, welche sie aber auch bei Schichtende leer gefuttert hatten. Mich wunderte nicht dass es Agents gab mit weit über 100 nahe den 150 Kilo. Extrem hoch war auch die Krankenquote. Es gab keinen Tag an dem sich nicht mindestens ein Mitarbeiter krank gemeldet hat. Es wurden auch Agents entlassen wegen zu vieler Krankentage, was ungesetzlich war aber mit dem Beisatz in der Kündigung „aus wirtschaftlichen Gründen" abgetan wurde, unentschuldigtem Fehlen und weil vom EarthPic Verlag Beschwerden ob der hohen Stornoquote kamen. EarthPic Verlag, vom Zeitgeist überholt. Aber der Umsatz muss stimmen.

Ich und meine Agents standen Tag aus Tag ein unter permanentem Druck – Leistungsdruck – ergebnisorientiert ohne wenn und aber.

Ob ein Agent es über die symphytische, kommunikative Art und Weise des Telefonierens, oder die Drückermethode oder beides versucht, es steht immer nur ein Ziel am Ende des Gespräches: „Verkauf" Egal wie.

Ein Verkaufsgespräch nimmt immer den gleichen Verlauf. Am Anfang steht immer die übertriebene Freundlichkeit, dann das Heraussuchen irgendeines Artikels, möglichst hochpreisig, gefolgt von einer Nutzen / Vorteilsargumentation. Diese teilweise an den Haaren herbeigezogen, wird solange dem Angerufenen um die Ohren gehauen, bis derjenige meist entnervt aufgibt und dem Kauf zustimmt. Ziel erreicht. Bleibt der Kunde standhaft, kommt es zum Cross – Selling********. Durch eben dieses kann der Umsatz pro Auftrag erheblich erhöht werden. In der Vertriebsstrategie wird dieser Begriff jedoch häufig in einem deutlich erweiterten Zusammenhang verwendet. Dabei soll erreicht werden, dass bei den Kunden insgesamt mehr verschiedene Produkte und Leistungen der Produktpalette platziert werden. Insoweit müssen die Produkte

und Leistungen in ihrer Art nicht direkt mit dem vom Kunden
Eventuell, was sehr selten vorkommt, nachgefragten Produkt zusammenhängen. Vielmehr geht es dabei um eine ganzheitliche Verkaufsstrategie, die den umfassenden Bedarf welcher der Agent inzwischen meint erkannt zu haben, des Kunden erfasst oder auch nicht und so weit wie möglich mit eigenen Leistungen abdeckt.

Der Kunde wird dazu angehalten, auch Produkte zu kaufen, die er nicht direkt nachfragt, geschweige denn benötigt.
Das gleiche bei schon vorhergegangenem Erfolg war das Andrehen eines Zusatzartikels noch dazu. „Upsell" war in unseren Teams ein riesen Thema und vom Auftraggeber eindringlich gefordert. Es war Pflicht, jedem Kunden ein Upsell anzubieten, ob er es brauchen konnte oder nicht. So wurde der Umsatz künstlich in die Höhe getrieben.

Die Kunst einem Bauern eine Melkmaschine zu verkaufen und dabei seine letzte Kuh in Zahlung zu nehmen quasi. Um zu erfahren, welche Interessen der Kunde verfolgt wird dieser gnadenlos ausgefragt. Wer Fragt gewinnt!
Wenn der CallCenterAgent einmal einen schlechten Tag hat, diesen hat man öfter als ei-

nem lieb ist, wenn der Druck zu groß wird und der Agent auf dem Erfolgsranking (übrigens für alle einsehbar) gnadenlos nach unten absackt, kommt so mancher auf die ausgefallensten, interessantesten Ideen.

Beispiel eines Verkaufes, von einem solchen Agenten, welcher natürlich ein Storno wurde.
Unglaublich aber wahr. Es wurde einem Anrufbeantworter eine hochwertige Digitalkamera verkauft und zugeschickt!
Ich bekam das Voicefile des Anrufbeantworters zugeschickt und hörte es mit meinen eigenen Ohren. Ich konnte nicht glauben was ich da zu hören bekam.
Dialer wählt, AB meldet sich. Hallo, hier ist der automatische Anrufbeantworter der Familie … wir sind leider nicht da, hinterlassen Sie bitte eine Nachricht. Dann legte der Agent los. Hallo mein Name ist … vom EarthPic Verlag, Herr…. Wir haben ein ganz besonderes Angebot! Eine Kamera welche im Laden über 700 Euro kostet, darf ich Ihnen heute für den sagenhaften Preis von 480 Euro anbieten, ist das nicht der Wahnsinn, was halten Sie davon wenn ich Ihnen diese zukommen lassen? Ohne Punkt und Komma. Keine Antwort, logisch, es war ja der AB! Ok Herr…

BIIIIPPPP „Ihre Aufnahme ist gespeichert, danke für Ihren Anruf", gab der Anrufbeantworter zu verstehen.

Der Agent schickte tatsächlich diese Kamera an die Adresse, welche der Dialer ihm anzeigte, sogar, wie pflichtbewusst, mit Upsell.

Dieser Agent wurde fristlos entlassen, weil der Verlag darauf bestand und das Callcenter sein Gesicht wahren wollte. Klar, war ja Betrug. Der Agent hat dem Druck des Callcenters und des Auftraggebers nicht mehr stand gehalten. Aber der Clou war an und für sich das, was dann folgte.

Genau dieser Agent wurde 4 Wochen später wieder eingestellt! Ihm wurde zur Auflage gemacht, lediglich nicht mehr unter seinem Namen das EarthPic Projekt telefonieren sondern unter einem Pseudonym. Er war ab sofort Herr Wal. Telefonierte genau das gleiche Projekt, da er dieses laut Statistik bestens bearbeitete und die Verkaufsquote enorm war. Im Nachhinein sehe ich es so, er hat es am besten verstanden, die Kunden zu bescheißen und ihnen Bücher, Prospekte, und anderes zukommen zu lassen, welches sie entweder nie bestellt hatten, oder nicht wussten was sie orderten. So läuft das Geschäft. Die Stornoquote, welche wir monatlich von unserem Kunden zugeschickt bekamen, sprach eine eindeutige Sprache.

Mein schlechtes Gewissen wuchs, wie meine Depressionen, nur ich gestand es mir immer noch nicht ein. Ich war in der Zwischenzeit so abgehärtet so skrupellos, wie man es in dieser Branche sein musste um zu überleben, auch dank der Antidepressiva, die ich in der Zwischenzeit verordnet bekam.
Herr Wal wurde einige Zeit später dann noch einmal fristlos entlassen. Er das Login System manipulierte. Er war so „intelligent", dass er laut System morgens um acht Uhr mit der Arbeit begann und abends um 20 Uhr ohne Pause Feierabend machte. Das musste auffallen.

Eines muss noch erwähnt sein. Wenn ich als Teamleiter durch die Reihen meiner Mitarbeiter ging, bekam ich immer ein freundliches Lächeln zugeworfen, nie dass meine Agents Angst gehabt hätten, wie bei der sympathischen Firma, bei welcher ich meine ersten fünf Wochen verbrachte.

Caruso meinte einmal, einen meiner Leute zusammenscheißen zu müssen, was ihm dann aber schlecht bekam. Herr Markus war diesbezüglich, wie er es immer war, ein sehr korrekter Chef. Er faltete Caruso nach allen Regeln der Kunst zusammen.

Eines Tages wurde ich telefonisch zu Herr Markus gerufen.
Komischerweise hatte ich dieses Mal wie viele Male vorher als ich zum Chef gerufen wurde kein schlechtes Gefühl. Herr Markus saß am großen Besprechungstisch, neben ihm Herr Caruso und Frau Zwiebel. Ach du Schande was ist das denn für ein Tribunal schoss es mir durch den Kopf.

Herr Albert fing Herr Markus an zu reden. Sie kennen sich bestimmt in unserem Zeiterfassungssystem aus, war die Frage, welche ich dann mit „ja" beantwortete. Wieso nutzen sie es dann nicht ordnungsgemäß? Mir wurde heiß und kalt. Was meinte er? Herr Albert, am 15.3. kamen sie um 7.15 zur Arbeit und gingen um 22:00 Uhr, dazwischen hatten sie eine Pause. Am 17.3 am 19.3 am 22.3 am 26.3 so ging es fort bis 31.3. Er zählte mir meine Log-Zeiten auf. Durch Frau Zwiebel habe ich jedoch erfahren dass sie am 17.3 um so und so viel Uhr in der Pause waren um… Uhr in der Pause… um… Uhr auf der Toilette usw. begann er eine Liste von Frau Zwiebel vorzulesen. Welche Angaben sind nun richtig?

Diese hinterlistige Schlampe schoss es mir durch den Kopf. Hat sie doch tatsächlich alle meine Zeiten haarklein aufgeschrieben und diese mit meinen Log-Zeiten verglichen nur um mich bei Herr Markus anzuschwärzen.

Herr Albert, dass das ein Entlassungsgrund ist wird ihnen ja hoffentlich klar sein, maulte Caruso breit grinsend seines Erfolges sicher, dazwischen.

Langsam, Herr Caruso machen sie mal die Pferde nicht scheu. Sich wieder mir zuwendend fuhr er fort. Dass dies nicht in Ordnung ist wissen sie ja. Diesbezüglich sollten wir ein neues Modell entwickeln, was wir dann auch im Laufe der Zeit dann auch taten.
Caruso und Zwiebel war der Wind aus den Segeln genommen. Ihr Vorhaben, mich durch Diffamierung bei Herr Markus anzuschwärzen ging daneben. Mein Vertrauen egal zu wem war auf dem Nullpunkt.
Komischerweise fühlten nicht nur ich, sondern auch meine Mitarbeiter uns immer ungemein gut, wenn wir nach einem „Anschiss" vom Chef dessen Büro verließen. So diplomatisch war Herr Markus. Ich kann im Nachhinein sagen, der beste Chef den ich je hatte.
Caruso und Zwiebel waren diesbezüglich sehr erbost, da sie dachten ich würde nun hochkantig gefeuert. Aber ich will nur damit aufzeigen was diese beiden für Gemeinheiten auf Lager hatten,

nur um mich fertig zu machen. Aber der Schuss ging, wie schon gesagt, nach hinten los.

Als ich an diesem Tage nach hause fuhr, kamen mir die ersten dummen Gedanken:"dass wenn ich jetzt auf das Gaspedal trete und das Lenkrad etwas drehe, würde ich in den Wald hinein rasen, es wäre alles aus und ich würde endlich meine Ruhe haben."

Was ist aus mir geworden?

Anstatt mittags mit Detlev einen Joint zu rauchen schluckte ich nun täglich dieses Zeug.

Gemeinheiten zahlen sich nicht aus

Unsere Firma wuchs und wuchs. Eines Tages gab Herr Markus eine Neuigkeit bekannt, welche einschlug wie eine Bombe. Carusos Gemeinheiten rächten sich. Ab sofort ist Herr Caruso zuständig für die Umsatzzahlen der beiden Unternehmen. Er wurde „Qualitätsmanager" gab Herr Markus bei einer Mitarbeiterbesprechung bekannt, was einer Degradierung sonders Gleichen nahe kam. Ich jubelte innerlich, während Carusos Mopsgesicht immer andere Farben bekam.
Ich jubilierte innerlich.
Ich bekam der weilst einen Studenten im Praktikum für 4 Monate, welcher sich für die Personalangelegenheiten kümmern sollte sowie einen IT Mitarbeiter welcher für die Technik zuständig war. Mein neuer Personalchef war ein lustiger Mann, welcher sich auch durch sehr gute Arbeit hervor tat, wie anfänglich auch mein IT. Wir waren ein gutes Team.
Ich machte auch eine mir zu der Zeit wie ich meinte, zur Freundin gewordene Mitarbeiterin zur Fachansprechpartnerin für das EarthPic Team, was ich aber im Laufe der Zeit bereute. Gib jemandem Macht und du wirst seinen Charakter kennen lernen. Dies traf hier wie selten zu vor zu. Diese Dame entwickelte sich zu einem „Feldwebel" sonders gleichen und machte sich

bei den Agents nicht gerade beliebt, was sie aber meinte zu sein. Wir hatten teilweise bis zu fünf Projekte zu stemmen und ich die Gesamtverantwortung für nun nahezu 50 Mitarbeiter. Der Druck war immens, ich aber meisterte alles mit Bravour und Antidepressiva.

Mein, mir inzwischen zum Freund gewordenen Theo wurde ob seiner hervorragenden Arbeit ein neues Projekt angeboten. Er soll Teamleiter in einem Projekt werden, welches wir neu dazu bekamen. Mir war das nicht unrecht, da ich mit der Arbeit die ich hatte bei weitem aus, wenn nicht gar überlastet war.

Eine Kosmetikfirma wollte mit uns zusammen arbeiten. Aber woher die Arbeitsplätze nehmen? Mein IT Mitarbeiter, dessen Freundin welche auch in einem meiner Teams arbeitete, mein Personal-Praktikant und ich hatten in den Monaten zuvor 20 Arbeitsplätze „aus dem Boden gestampft" meistens in der Zeit nach 20 Uhr als das Callcenter leer war. Wo denn noch Arbeitsplätze? Aus einem Partnercallcenter wurden Trennwände und weitere Utensilien herangeschafft.

Gesagt getan, es wurden noch einmal 11 Arbeitsplätze organisiert. Theo hängte sich voll rein. Er besorgte Stoff um die Trennwände ansehnlich zu gestalten, seine Freundin bespannte die Wände mit dem gekauften Stoff zu beziehen, es wurden Tische organisiert, mein IT verlegte Kabel, installierte Computer und Telefone und vieles mehr. Aber es wurde vollbracht.
Theo sowieso gesundheitlich nicht gerade das, was man einen „Brecher" nennen konnte, kaute im wahrsten Sinne des Wortes „auf den Felgen". Aber er gab nicht auf. Noch nicht!
Es wurden noch einmal zehn Agents eingestellt. Schulungen wurden angemeldet. Dass es sich bei dem Kosmetik-Projekt um ein Mitbringsel oder Einstandsgeschenk einen Neuen bis dahin nicht einmal im Gespräch erwähnten Callcenterleiters handelte, wurde mir erst später schmerzlich klar. Die Abordnung der Kosmetikfirma kam. Ein femininer, sehr auf sein Äußeres achtender Mann, bei dem mir bis zum heutigen Tage immer noch nicht klar ist, ob er homosexuell ist oder nicht und ein maskuliner, rabiater, glatzköpfiger Mann, welcher keinen Hehl daraus machte, dass er der eben erwähnten Fraktion angehörte. Die Schulungsleiter der Kosmetikfirma. Sehr liebenswürdige Leute. Ich hatte im Gegensatz zu Caruso keinerlei Probleme mit Homosexuellen.

Theo und sein neues Team wurden in die Welt der Gerüche, Cremes und Seifen eingeführt. Seither weiß ich auch, dass ein Parfümfläschen kein Fläschen sondern ein Flakon ist.

Es war ein tolles Projekt, in welchen die Agents dann „Bestandskunden" anzurufen hatten, um ihnen neue Produkte vor zu stellen. Eines der wenigen Projekte von welchen ich sagen konnte, dass es ein ehrliches Projekt war, aber dennoch später von meiner Ex Fachansprechpartnerin im EarthPic Projekt zum Betrug genutzt wurde.

Theo der Teamleiter. Ich war stolz auf ihn. Er bemühte sich rührend um sein Team, sein Enthusiasmus war schon sehenswert. Er war ja schon von Natur aus ein recht blasser Mensch, aber diese Blässe wurde von Tag zu Tag immer extremer.
Eines Tages kam Theo nicht zur Arbeit. Sein inzwischen erfolgreiches Team machte blendende Arbeit. Theo rief auch nicht an, bzw. nahm meinen Anruf bei ihm nicht an. Was war geschehen? Tags darauf kam er, sich entschuldigend. Sein Kreislauf hatte ihn umgehauen, so dass er nicht einmal in der Lage war sich abzumelden. Er gab sich alle erdenkliche Mühe, bis er dann wieder fehlte. Nicht einen Tag sondern mehrere. Keine Meldung. Auf Nachfrage von Herr Markus sagte

ich, dass Theo angerufen habe und sich krank gemeldet hat. Ich log meinen Chef an um meinen Freund zu schützen.

Mit meiner Gesundheit ging es ebenfalls Berg ab, aber ich ließ mir nichts anmerken. Nicht im Geschäft aber auch nicht zu hause.

Theo kam nach Tagen dann zur Arbeit. Er sah aus wie eine Kalkleiste. Können wir reden, fragte er mich. Wir redeten. Ich schaff das nicht, mir ist das alles zu viel, verriet mir mein Freund. Ich geh vor die Hunde wenn nicht schnellstens etwas passiert. Es kam was nicht kommen sollte und durfte. Nach einem Gespräch mit Herr Markus wurde Theo frei gestellt für anderweitige Tätigkeiten und ich wurde auch noch Teamleiter beim Kosmetik-Projekt. Ich? Kosmetik ? Ich wusste zu der Zeit, was Rasierwasser ist und Nivea-Creme, dann war ich mit meinem Latein was Kosmetik anbelangt schon am Ende. Aber was Solls, nicht das erste Projekt wo ich anfangs keinen Schimmer hatte.. Immerhin weiß ich, dass ein Parfümfläschen ein Flakon ist.

Der Druck wurde immer größer und ich gestand mir nicht wie Theo ein, dass das Maß voll ist. Ich war wichtig, dachte ich mir dummerweise nicht eingestehend, dass ich schon im gesundheitlichen

Fahrstuhl nach unten mich befand. Dank meinen „HappyHippos" (Antidepressiva)

Abends lag ich oft im Bett und konnte nicht schlafen. Geschäft vorne und hinten, wie schaffe ich das alles. Es gab Nächte, in denen ich kein Auge schloss. Ich hatte Angst zu versagen und meinen Arbeitsplatz dadurch zu verlieren.

Versagen kam für mich nicht in Frage
.Mein Leben war bisher schon eine einzige Lüge, nun war ich an der Reihe es mir und allen Anderen zu beweisen.
Welch ein Irrglaube.

Das Ende ist nahe

Eines Tages, wurden mir unbekannte Männer durch das Callcenter geführt. Ich saß wie üblich an meinem Schreibtisch, Arbeit über Arbeit, als ich bemerkte, dass vor meinem Schreibtisch sich Männer postierten.
Herr Markus erklärte ihnen, was wir machen und stellte mich ihnen dann vor. Das ist Herr Schwabl und Herr Denzlinger vom Kosmetik-Konzern. Herr Albert würden sie bitte den Herren einmal erzählen was wir hier tun. Ich kam mir ungemein wichtig mal wieder vor. Ich erzählte vom EarthPic Verlag, vom Kosmetik-Konzern und von den weiteren Projekten, welche ich zu betreuen hatte. Die Herren taten ungemein interessiert, bei welchem mich Herr Denzlingers allzu großes Interesse und dessen immerwährendes Grinsen irgendwo nervte. Wusste er etwas, was mir entgangen war? Ja, er wusste etwas, von dem ich bis auf weiteres auch nichts erfuhr.

Aber was soll es. Ich musste doch „meine" Firma im besten Licht dastehen lassen.
Die Umsätze beim Kosmetik-Projekt schossen in ungeahnte Höhen. Zwischenzeitlich hatte ich mich in Sachen Kosmetik so belesen, dass ich sogar Verkaufsschulungen hielt.

Die Mitarbeiter in diesem Team waren teilweise vom Fach, das soll heißen, Kosmetikerinnen, sogar eine Biologin, Friseurinnen und dann noch ein, gottseidank hatte Caruso nichts mehr zu sagen, einen offen zu seiner Homosexualität stehender Muslim, welcher sich als wahres Verkaufsgenie herausstellte und welcher zur guten Stimmung im Team extrem bei trug. Ich mochte den Typen namens Mustafa. Aber zickig, sowas von einer Zicke, wehe es ging ihm etwas gegen den Strich. Dann wurde er zur Furie.
Ich duldete keine maskulinen Männer im Kosmetik-Team. Entweder Frauen, Homosexuelle oder extrem feminine Männer. Ich behielt recht, genau diese identifizierten sich mit den Produkten. Auf alle Fälle roch es in diesem Team immer am besten und die Stimmung war blendend.

Herr Markus und ich beschlossen, zum 1.9. drei Azubis einzustellen. Gesagt getan. Wir schrieben diese Stellen aus und es kamen auch viele Antworten. Nach langem Beraten, Selektieren und Vorstellungsgesprächen stellten wir drei sehr nette, liebenswürdige Mädchen ein, welche sich in den drei Jahren Ausbildung auch sehr bewährten und ihre Prüfungen mit hervorragenden Ergebnissen abschlossen. Meine „golden Girls". Nach der Ausbildung hatten sie aber nichts Schleunigeres zu tun als den Betrieb zu verlassen. Dass sie während ihrer Lehrzeit oftmals als billige Arbeitskräfte missbraucht wurden, zeigt auch auf, was ein Callcenter für eine Hölle sein kann. Recht hatten sie! Wäre ich ihnen doch gefolgt, wäre besser gewesen für mich. Ein Jahr später stellen wir noch zwei Azubis ein, zwei Herren welche einer davon den Betrieb schon nach einem Jahr verlies um seine Ausbildung anders wo zu beenden, der andere hat auch nach seiner Ausbildung, was ich nicht mehr erleben musste, verlassen.

Ich war also auch noch von der IHK, wegen meiner großen Callcenter und Vertriebserfahrung zum Ausbilder anerkannt. Noch mehr Stress und Arbeit. Ich hatte freie Hand. Herr Markus war wie jeden Tag in seinem Büro, bei geschlossener Tür.

Caruso und sein Busenfreund der bisherige Personalreferent wurden von Herr Markus entlassen. Caruso Freundin durfte weiterhin Inbound telefonieren. Nach der Entlassung dachte ich, dass es jetzt stressfreier werden würde, weit gefehlt.

Die Teamleiter machten aus Neid mobil gegen mich, weil sie mir nicht gönnten, Callcenter-Leiter zu werden oder weil sie Angst davor hatten, endlich produktiv arbeiten zu müssen.

Mit dem Gedanken Callcenter-Leiter zu werden hätte ich mich anfreunden können, da es auch ein

gewaltiger Gehaltssprung bedeutet hätte. Ich bekam immer noch 7,50 € Stundenlohn.
Was war ich blöd. Sollte sich aber alles ändern.
Im Nachhinein muss ich meinen Ex-Kollegen dankbar sein, dass ich den Job als CCL nicht bekam, ansonsten hätte ich den ganzen Stress eventuell mit mehr bezahlt als mit meiner Gesundheit.

Der Neue

Doch erstens kommt es anders als man zweitens denkt!

Ich wurde zu Herr Markus gerufen, was für mich an und für sich nichts außergewöhnliches, geschweige denn besorgniserregendes war.

Ich klopfte an seine Tür und trat ein. Er saß am großen Besprechungstisch, neben ihm ein Mann, welcher mir irgendwoher bekannt war. Groß, relativ dünn, kurzes glattes Haar und …
… das Grinsen!

Der Mitarbeiter, wenn nicht gar der Chef der Kosmetikfirma von welcher wir den Auftrag hatten. Ich gab ihm die Hand. „Hallo Herr Denzlinger, wie geht es ihnen", worauf ich einen sehr kräftigen Händedruck und ein „danke schön der Nachfrage" bekam.
Was wollte er hier? War er nicht zufrieden mit unserer Arbeit? Gab es etwas Neues?
Gedanken über Gedanken rasten mir durch den Kopf, während Herr Markus mir einen Kaffee reichte.

Herr Albert, begann Herr Markus das Gespräch. Wie sie sicherlich schon mitbekommen haben wird sich bei uns einiges ändern. Noch mehr, als wir auch dank ihrer enormen Mitarbeit bisher geleistet haben. Die Diplomatie von Herr Markus machte mich unruhig. Wo wollte Herr Markus hin? Er fuhr fort. „Ich möchte ihnen als einem der Ersten mitteilen, dass Herr Denzlinger ab dem Ersten des nächsten Monats unser neuer Callcenter-Leiter wird".

Niederschlag in der ersten Runde. Callcenter-Leiter? Herr Denzlinger?
Ich heuchelte, ich glaube zum ersten Mal in meinem Leben. „Na das freut mich aber, herzlich willkommen Herr Denzlinger". Mir wurde sterbensschlecht, alle meine Träume haben sich in diesem Moment in Luft aufgelöst. Wie schon gesagt, im Nachhinein musste ich unendlich dankbar sein.
Dass Herr Markus diesen Schritt noch bitter bereuen würde, kam mir nicht in den Sinn. Es kam aber so. Ziemlich genau 13 Monate nach meinem Ausscheiden aus dem Unternehmen.
Es kamen die üblichen Lobhudeleien, ob meiner guten Arbeit, dass ich dem Neuen mit Rat und Tat zur Seite stehen werde, was ich auch dann später tat, dass es eine gute Zusammenarbeit wird und, und, und… Warum man mir den Job als Callcenterleiter voreinhielt, verstand ich ob des großen Lobes nicht.

Anfänglich war es ein gutes miteinander arbeiten. Ich mir meines Wissens enorm wichtig vorkommend erklärte, gab bei Fragen die passenden Antworten. Ich gab mir alle erdenkliche Mühe dem neuen Callcenterleiter alle Informationen zukommen zu lassen, die er benötigte. Auch aus dem Gedanken heraus, dass er meine Arbeit dementsprechend honorierte.

Das wahre Gesicht von Denzlinger bekam ich, als er sich auch durch meine Unterstützung eingearbeitet hatte, zu sehen. Was mir extrem auffiel war, dass er ein elender Schleimer war. Herr Markus hinten, Herr Markus vorne, unten oben. Ein Radfahrer vor dem Herrn. Nach oben kriechen, nach unten treten. Wie schon erwähnt, als er sich eingearbeitet hatte, kamen auch schon die ersten Stiche in meine Richtung. Ich war bisher der unangefochtene „Platzhirsch" in unserem Unternehmen, meine Mitarbeiter sagten „Chef" zu mir, obwohl sie mich alle „duzten" und das stieß dem Denzlinger ganz gewaltig auf, das passte ihm bei Gott nicht. Er machte es allen deutlich, die es hören oder auch nicht hören wollten, wer nun der Chef ist: „Er". Sein Platzhirschgehabe war schon fast lächerlich. Albert du darfst dies nicht mehr, Albert mach dies ab sofort so, Albert mach dies nicht, jenes nicht und, und, und. bis er dann meine Schwachstelle erkannte. Statistiken.

Oh je, jetzt ging der Punk erst richtig ab. Er, ein ausgemachter Excel-Fan und Spezialist, was man von mir, obwohl ich, das muss ich im Nachhinein Herr Caruso zu Gute halten, sehr viel von ihm in Sachen Excel gelernt hatte.

Denzlinger der Zahlenfreak.

Von Tuten und Blasen in Sachen Callcenter, in Sachen Gesprächsführung eines Callcenteragents oder gar Projekten, keinen, nicht den blassesten Schimmer, wollte doch dieser Möchtegern-Chef mir sagen was ich zu tun und zu lassen habe.

Er rief mich des Öfteren in sein Büro, um mir klar zu machen, dass meine Zeiten als „Chef" vorbei sind, was ihm alles an meiner Arbeit nicht passte. Denzlinger mischte sich in alles ein, auch in Dinge von denen er keinen Schimmer hatte.
Er überschüttete mich mit Statistiken, Auswertungen und Prognosen. Ich war dem allem nicht mehr gewachsen, bzw. hatte es im Gegensatz zu Denzlinger, welcher studiert hatte, ein Autodidakt.

Herr Markus hielt sich aus allem heraus. Dass ich dabei zu Grunde ging, bekam er gar nicht mit.

Eines Tages überspannte er den Bogen zum ersten aber nicht zum letzten Mal. Er ging zu meinem Kosmetik-Team und faltete die Agents so dermaßen zusammen, dass nicht einmal ich meinen Ohren traute. Wegen einer Lappalie! Weil ein Agent einer Kundin ein versprochenes Werbegeschenk vergessen hat dazu zu bestellen. Dieser Hornochse von Denzlinger ging es bestimmt nicht nur mir durch den Kopf.
Aber das konnte, nein durfte ich nicht auf mir sitzen lassen und bat ihn um ein Gespräch, welchem er leicht irritiert zustimmte.
„Herr Denzlinger" begann ich, am ganzen Körper zitternd, „ dies ist mein Team, dafür habe ich die Verantwortung. Merken sie sich eines, wenn sie Kritik an meinem Team haben, sagen sie es mir, ich gebe es dann in der für mein Team gewohnte Form weiter, wenn Sie Lob haben, dürfen sie es direkt dem Team mitteilen".

Dümmlich nach Ausreden suchend stimmte mir unser „Neuer" zu. Ich muss sagen, er hielt sich daran. Dass, wie ich dann erfahren habe, er ab diesem Zeitpunkt nur darauf lauerte mir eine Abmahnung zu geben stand auf einem anderen Blatt. Kurz erwähnt, er bekam die Chance nie.
Er machte mich anderweitig psychisch fertig.

Heute steh ich am Abgrund......
...morgen bin ich einen Schritt weiter.

Mein Freund Theo hatte in der Zwischenzeit auch das Handtuch geworfen und hat von sich aus gekündigt. Er hatte die Monate im Callcenter seine Gesundheit ruiniert. Kreislaufbeschwerden, Übelkeit, einfach gesagt es ging ihm sehr schlecht.

Meine langjährige Vertraute, welche ich bei EarthPic zum FASP beförderte, wurde durch meinen Einsatz, unter Abraten von Herr Markus Teamleiter dieses Teams, worauf sie sich zur absoluten Diktatorin entwickelte. Ihr erster Satz in meine Richtung war:" Jetzt bin ich auch Teamleiter, dir gleichgestellt, jetzt hast Du mir nichts mehr zu sagen" mit einem hämischen Grinsen auf den Lippen. Ein Danke hätte auch genügt dachte ich bei mir.

Das EarthPic Team wurde dann wenige Wochen später aufgelöst, da die neue Teamleiterin es in den Sand setzte. Man kann kein Team führen, wenn man nur faul hinter dem Bildschirm sitzt und nur darauf wartet jemanden zusammenfalten zu können. Hatte sie das etwa bei Caruso oder Metzger- Motz abgeschaut? Anscheinend hatte sie von mir nichts gelernt.

Sie wurde aber nicht entlassen, sie wurde in mein Kosmetik Team gesteckt, gegen meinen Willen. Unglaublich erfolgreich verkaufte sie Kosmetikartikel jeder Art. Bis eines Tages die Bombe platzte. Sie hat betrogen. Da in diesem Team auch Provisionen ausbezahlt wurden, ab einem bestimmten Erfolgsgrad, gab sie richtig Gas.

Ich wurde zu Herr Markus gerufen unter dem Beisein von Herr Denzlinger. „Frau Übermut betrügt sagte er mir nur kurz. Sie schickt Kunden Produkte zu, welche diese nicht bestellt haben" Ich konnte es nicht glauben, aber nach einigen Recherchen musste ich es tatsächlich mir auch eingestehen, dass meine mir wie ich meinte, was sich aber als reine Heuchelei ihrerseits herausstellte, zur Freundin gewordenen Frau Übermut betrogen hatte.
Sie wurde von Herr Denzlinger fristlos gekündigt, was einen Arbeitsgerichtsprozess mit sich zog.

Denzlinger meinte auch, die Auszubildenden als vollwertige Arbeitskraft einsetzen zu müssen. Die Mädchen musste auf sein Geheiß, seinen Befehl hin, wenn es im Inbound „brannte" sich sofort an einen Arbeitsplatz setzen und Telefonate annehmen, was sie im Laufe ihrer Ausbildung auch gelernt hatten.

Sie lernten Kauffrau/Mann im Dialogmarketing. Dass sie telefonieren was auch in ihrem Lehrplan stand, war klar. Aber dass sie vom Callcenterleiter als billige Arbeitskraft missbraucht wurden, davon war nirgends die Rede.

Berufsbild:

Kaufleute für Dialogmarketing organisieren alle Dienstleistungen, die es rund um das Telemarketing gibt, vom Aufbau von Datenbanken, über die Planung des Personaleinsatzes bis hin zur Organisation der Kundenbetreuung. Kaufleute für Dialogmarketing sind darauf spezialisiert, im Auftrag von Unternehmen, durch die Koordination der Angestellten Kunden zu betreuen, binden und gewinnen, ihnen neue bzw. zusätzliche Produkte und Dienstleistungen an **Arbeitsgebiete**

Kaufleute für Dialogmarketing arbeiten in Callcentern von Industrie- und Handelsunternehmen, können aber auch in der öffentlichen Verwaltung eingesetzt werden. Sie planen und organisieren darüber hinaus Kampagnen und Projekte. Sie planen die Personalbeschaffung und den -einsatz. Sie steuern und kontrollieren die Projektabwicklung, erfassen Kennzahlen, bereiten die Daten auf und wirken bei der Angebotsgestaltung und Vertragsanbahnung mit.

Kaufleute für Dialogmarketing sind **gelegentlich** auch im telefonischen Kundenkontakt eingebunden, indem sie aktiv Kunden anrufen (so genannter „outbound") oder auf Kundenanrufe reagieren („inbound"). Sie beraten Kunden, nehmen Bestellungen oder Beschwerden entgegen und leiten die Daten an andere Abteilungen des Unternehmens weiter.

Wie ersichtlich heißt es gelegentlich! Denzlinger, inzwischen auch Prüfer bei der IHK scherte sich nicht im geringsten um die Ausbildungsvorgaben.
Ich hatte oft heftigste Diskusionen mit Denzlinger, dessen Argumentation war dann lediglich: „Ich bin der Chef, sie sind mein Mitarbeiter, die Lehrlinge machen das was sie ihnen sagen und sie machen das was ich ihnen sage!"

Ich hatte oft ein sehr schlechtes Gewissen meinen „golden Girls" gegenüber.
Meine Heimwege kamen mir immer länger vor. Die Gedanken an einen selbst herbei gefügten Unfall kamen öfter als ich es mir wünschte. Ich spielte mit den Gedanken, auf das Gaspedal zu treten in den Wald hinein zu rasen so dass es endlich zu Ende ist.

Ich konnte mich auf nichts mehr freuen. Nicht einmal mehr auf meine Familie. Mir gingen so viele Dinge durch den Kopf, so dass ich meinte, ich werde demnächst wahnsinnig.

Druck von Denzlinger, immer mehr Aufgaben denen ich nicht gewachsen war. Ich fühlte mich elend. Es kam was kommen musste.
Meine Gedankenwaren nur noch beim Geschäft. Wie kann ich es besser machen, wie kann ich es Denzlinger beweisen, wie kann ich, wie kann ich, wie kann ich. Ich schlief ein mit Geschäft, träumte von Geschäft, mein erster Gedanke nach dem Aufwachen war Geschäft, das konnte nicht gut gehen.

Torsten W. Albert

Oft wurde mir schon gesagt:
" ich beneide Dich um die Kraft mit der Du dein Leiden meisterst."

Meine Antwort ist dann:"ich beneide Dich darum, daß Du diese Kraft nicht brauchst".

www.torsten-w-albert.de ©TWA

Der Anfang vom Ende

Eines Morgens wachte ich auf und es war alles anders als in den vorangegangenen Morgen. Nein, der Kaffee war noch nicht durchgelaufen und das Toast war auch noch nicht verbrannt. Ich wachte an meinen eigenen Tränen auf. Ich weinte und wusste im ersten Moment nicht einmal wieso. Die Hände zitterten wie Espenlaub, ich war nass geschwitzt und mein Herz raste wie wild. Ich hatte Panikattacken, von welchen ich meinte sie schon längst überwunden zu haben. Was ist los, was ist passiert? Ich kam mir in diesem Moment zum ersten Mal in meinem Leben unnötig vor.
Die Motivation zur Arbeit zu gehen war auf dem Nullpunkt. Eine große Hilflosigkeit machte sich in mir breit. Ich hatte Magenschmerzen und als ich mich aus dem Bett begeben wollte, sackten mir die Beine weg. Oh je schoss es mir durch den Kopf, was war passiert? Dass dies die ersten Anzeichen eines Burnouts****** war, registrierte ich in diesem Moment nicht, weil ich auch nicht genau wusste was das ist und wie er sich äußert. Mir schossen alle möglichen Gedanken durch den Kopf. Von Kreislaufkollaps bis hin zum Schlaganfall.

Nach einiger Zeit rappelte ich mich dann doch erfolgreich hoch. Wie schon zig Tage zuvor morgens 6 Uhr, der Wecker hatte geklingelt. Ich wollte Aufstehen, ich wollte duschen, während der Kaffee langsam durch die Maschine rann.

Ich wollte, aber ab diesem Tag sollte sich alles in meinem Leben ändern!

Zum Burnout kommt es, wenn man das Gefühl hat, in einem Hamsterrad zu sein, nur noch zu funktionieren und zu wenig für den Einsatz zurück zu bekommen. Bild © Schwarwel - Fotolia.com
las ich dann im Internet als ich mich nach einem Arztbesuch „schlau machen" wollte.

Wie gerade erwähnt ging ich zu meinem Hausarzt. Der schaute mich lange, fragend an.
„Dok, mir geht's bescheiden" sagte ich nur, „ich schlafe ein mit Geschäft, wache auf mit Geschäft, Träume vom Geschäft. Mich machen die 70 Stundenwochen fertig"

Er schaute mich weiter an. „Wen nicht" äußerte er sich nach einiger Zeit.
Er befragte mich dann ausgiebig, untersuchte mich um zu seiner Diagnose zu kommen.

Erschöpfungszustand in ganz hohem Maße, Burnout! Torsten, Sie werden alleine der ganzen Sache nicht mehr Herr.

Die Folge war dann, dass mich mein Doktor zunächst für eine Woche, anschließend dann bis hin zu sechs Wochen arbeitsunfähig schrieb. Deswährend überwies er mich nach zu einem Psychotherapeuten, da noch nach seiner Diagnose die Gefahr gegeben war, dass ich depressiv war.

War?

Ich war schon lange in diesem Hamsterrad, wusste es jedoch selbst nicht.

Dieser Psychotherapeut bestätigte dann meine schlimmsten Befürchtungen. Ich litt an Depressionen*******, welche nun ohne Rücksicht auf Verluste ausbrachen. Nicht nur von der Arbeit her, was aber der Auslöser war, sondern diese hatten auch viel mit meiner Vergangenheit, wie ich schon in meinem Buch „die Früchte meiner Eiszeit" erzählte, zu tun

Den Burnout hatte ich von der Arbeit, von dem unmenschlichen Stress des Callcenters an dem ich „noch" arbeitete, welche auch meine Depressionen auslösten.

Während meiner von meinem Arzt verordneten Auszeit dachte ich oft nach, wie es sei, wenn ich nicht mehr im Callcenter arbeiten würde. Jedoch war ich immer noch überzeugt davon, dass mich Herr Markus braucht. Ich bildete mir tatsächlich ein, unersetzlich zu sein. Ich versuchte mir alles positiv zu reden, nahm die ganze Schuld meiner Misere auf mich.
Mein Arbeitgeber trifft keine Schuld. So verwachsen war ich mit diesem Betrieb.

Eines war mir bis dato nicht bewusst:

Depressionen sind abgrundtief bösartig. Die wollen dich unbedingt umbringen, das ist deren einziges Ziel. Wenn Du überlebst, hast Du gewonnen.

Wieder in die Höhle des Löwen

Heuchelte er nur oder freute sich Herr Denzlinger tatsächlich, dass ich wieder nach sechs Wochen zur Arbeit kam? Ich weiß es nicht, oder es war mir auch so ziemlich egal.
Er war inzwischen auf so eine niedrige Schiene meines Ansehens gerutscht, dass ich ihm nicht über den Weg traute. „NEIN"

Traute ich überhaupt noch jemand?

Inzwischen musste ich morgens und abends Antidepressiva nehmen, welche ich von meinem Arzt verschrieben bekam.

Nicht einmal Herr Markus traute ich mehr, welcher mich freudig willkommen hieß. Er hatte mich durch sein Nichtstun zu sehr enttäuscht. Ich machte wieder meine gewohnte Arbeit. Meine Agents anscheinend froh mich wieder zu sehen. Herr Denzlinger hatte in den letzten sechs Wochen nach Erzählungen meiner Agents teilweise sein wahres Gesicht gezeigt und sich dadurch nicht nur Freunde gemacht. Warum sah das alles Herr Markus nicht? Er schaute in Denzlinger hinein wie in einen Spiegel, was sich wie schon erwähnt irgendwann rächen sollte.

Ich war nun nur noch Einer von Vielen. Schikanen über Schikanen, der Callcenterleiter gab anscheinend jetzt richtig Gas, holte zum finalen Schlagaus, welchen er dann auch nach einiger Zeit erfolgreich setzte.
Ich wollte mir das alles nicht mehr an tun. Ich kapitulierte.

Daher ersuchte ich bei Herr Markus um ein Gespräch, worin ich ihm unter dem Beisein von Herr Denzlinger mitteilte, meinen Job als Ausbilder wie auch als Teamleiter nicht mehr ausüben zu können aber auch nicht mehr zu wollen.
Dann kann der Satz der Sätze, der Höhepunkt aller Heucheleien. „Herr Albert, das können Sie mir doch nicht antun, sie sind doch mein bester Teamleiter" kam es aus Denzlingers Mund.
Will er mich jetzt vollends verarschen dachte ich mir. Vor langer Zeitbekam ich einmal von Herr Markus zu hören, ich sei seine rechte Hand, was sich im Nachhinein genauso als leeres Geschwätz entpuppte.
Ich sagte dazu gar nichts, ich blieb bei meiner Bitte und bat noch, mich in den Inbound zu versetzen. Ich wollte nur noch meine Ruhe haben wieder „back to the roots".

Ein neuer Teamleiter wurde eingestellt. Von „Außerhalb", wie Denzlinger meinte, damit hier mal frischer Wind, frisches Blut herein kommt.
Ich musste diesen bemitleidenswerten Kollegen einlernen. Nein, nicht wie ich 30 Minuten, sondern 3 Wochen. Ich zeigte ihm so ziemlich alles was er wissen musste, meine Warnungen ignorierte er, was ihm nach nicht einmal zwei Jahren den Garaus machte in Sachen Denzlinger und er entlassen wurde, obwohl es sich ihm gegenüber sehr unterwürfig zeigte. Er hatte es einmal gewagt gegen Denzlinger aufzumucken und wurde sofort entlassen.
Denzlinger umgab sich in der Folgezeit mit „Ja-Sagern" welche im in das verlängerte Rückgrat krochen. Die mehr als unfähige Teamleiterin, Frau Hubs wurde meine Nachfolgerin als Ausbilderin. Ein Inbound-Agent, welcher bei Denzlinger anscheinend besonders gut geschleimt hatte, wurde zuerst FASP dann TL.

Ich inzwischen im Inbound eingelernt, eine Kleinigkeit für einen Outbound-Profi wie mich. Der reinste Urlaub. War es auch, Herr Müller der TL des Inbound Teams, einer der wenigen richtig sympathischen Menschen in dem Laden, freute sich dass er Albert in seinem Team hatte. Mein Ruf eilte mir voraus ein Verkaufsprofi, was ich

auch unter Beweis stellte, zu sein. Ich kam mir wieder ungemein wichtig vor.
Weitere zwei Wochen später, durfte ich von zu Hause aus telefonieren. Heimarbeit ! War das nicht genial?
Eigentlich muss ich sagen war es schon ein angenehmes Arbeiten. Jedoch ich hatte innerlich schon gekündigt. Wollte es aber wieder nicht wahr haben, ein Versager zu sein.

Die Depressionen hatten mich seit langer Zeit im Griff. Ich musste, wie schon erwähnt Antidepressiva nehmen um die Tage einigermaßen unbeschadet zu ertragen.

Suizidgedanken gingen mir in den vergangenen Wochen auch wieder durch den Kopf bis hin, dass ich auf einem 16 stöckigen Hochhaus stand, es aber dann doch nicht fertig brachte, mir und meinem Leiden ein Ende zu setzen.

Ich kündigte zum 31. August. Das Ende bei einer Firma, von der ich meinte mich unersetzlich gemacht zu haben.

Nahm vorher noch meinen mir zustehenden, aber nie genommenen Urlaub von fünf Wochen.

Neuanfang?

Während dieser Zeit richtete ich mir ein Büro in meinem Haus ein und gründete eine Firma.
„Büro für Dialogmarketing" mit dem Slogan „wir nehmen Dienstleistung persönlich"

Ja, ich machte mein eigenes Callcenter. War ich eigentlich bescheuert? In dieser Hinsicht auf alle Fälle. Lediglich mit 5 Arbeitsplätzen incl. meinem waren meine Pläne. Ich wollte es allen beweisen, dass ich doch kein Versager bin, auch mir selbst. Anfänglich ging alles auch recht gut. Ich hatte bis zu 4 Teilzeitkräfte, welche ausnahmslos alle schon einmal unter Denzlingers Fuchtel gearbeitet hatten, jedoch alle kündigten oder wurden gekündigt, weil sie mit der Philosophie des Callcenters nicht zurechtkamen

In meinem Unternehmen wollte ich es nicht zulassen, dass Kunden belogen, betrogen oder „über den Tisch gezogen" wurden. Jedoch mit Ehrlichkeit kommt man im Telemarketinggewerbe nicht weit.

Ich hatte einige kleine Aufträge, konnte sogar Personal einstellen. Es lief soweit ok. Ich wollte einigen Leuten auch die Chance geben, eine Kleinigkeit dazu zu verdienen, die einen blieben etwas länger die anderen gingen nach kurzer Zeit wieder, der normale Gang in einem Telemarketing-Unternehmen.

Wir telefonierten Verlage, Versandhäuser, Versicherungen, ich war zufrieden, hatte mein Auskommen, bis mir eines Tages klar wurde:
" Jetzt bist Du wieder im gleichen Stress, als zu jener Zeit, als du im Callcenter Arbeitnehmer und Teamleiter warst". Mir wurde bewusst, dass ich Verantwortung für meine Mitarbeiter hatte, das heißt, ich musste Aufträge heranschaffen, um ihnen den Arbeitsplatz zu garantieren.

Meine Frau trennte sich dann auch noch von mir, was meinen Depressionen die Krone aufsetzte. Warum? Laut Ihren Aussagen konnte sie mich nicht mehr lieben, nach meiner Einschätzung konnte sie mit meinen Depressionen und meiner Veränderung dadurch nicht umgehen, bzw. sie konnte keinen an Depressionen erkrankten Mann lieben.

Wieder haute es mich in ein Loch hinein, aus dem ich endgültig nicht mehr herauskommen sollte.

Eines Tages kam das Unerwartete. Auftraggeber für Auftraggeber sprangen ab. Ich stand nicht nur vor meinem gesundheitlichen sondern auch vor dem finanziellen Ruin.

Zu guter Letzt hatte ich noch eine Mitarbeiterin, welcher ich auch noch kündigen musste und die mich dann mit bösen Beschimpfungen bombardierte, obwohl ich ihr Vorschuss gab, wenn sie wieder einmal klamm in der Kasse war, obwohl ich ihr Weihnachtsgeld gab, das ich mir an und für sich gar nicht leisten konnte, dies auszubezahlen. Sie beschimpfte mich, ich hätte mich an ihr bereichert und sie werde meine Machenschaften schon aufdecken und andere Schritte gegen mich einleiten und den Menschen sagen „wie ich wirklich ticke" und ich mich als in einer „Opferrolle" ausgebend uvm.

Ich weiß nicht was ich wollte, ich wollte keinen Dank, vielleicht ein bisschen Anerkennung?

Ich war zum perfekten Schauspieler in Sachen, wie überspiele ich meine Depression, geworden so dass nicht einmal diese Mitarbeiterin es in 13 Monaten Zusammenarbeit bemerkte, was in mir vor ging. Im Nachhinein gingen mir noch Gedanken durch den Kopf, mich für mein Leiden zu entschuldigen. Soweit war ich gesunken.
Was tun? Von was sollte ich leben?

Ein Teufelskreis, die Spirale nach unten war gesetzt und ich befand mich mitten drin.

Ich meinte immer dass wir ein schönes Betriebsklima gehabt hätten. Anscheinend doch nicht?
Es kam was kommen musste.
Mein Hauptkunde verlängerte seinen Vertrag nicht Das Aus stand mir bevor.
Dieser Hauptkunde, meinte zwar, dass er derzeit selbst keine Arbeit mehr habe, jedoch erfuhr ich im Nachhinein, dass mein ehemaliger Callcenterleiter diesem Kunden ein Dumpingangebot gemacht hatte. Nur um meine Firma kaputt zu machen? Bekomme ich denn nie Ruhe oder litt ich jetzt schon unter Verfolgungswahn?

Ich verlor nach und nach alle Kunden, mit den verschiedensten Begründungen. Schlechte Arbeit lieferte ich nicht ab, an was lag es? Ich wusste mir keinen Rat mehr.

Der Gang Richtung Hartz4 war geebnet was ich dann auch, um überleben zu können, tat. Diese Erniedrigung, welche ich als so empfand setzten meinem ganzen Absturz noch die Krone auf. Seit diesem Tag glaube ich zu wissen, dass sich ein Hartz4 Empfänger bei Gott nicht gut fühlen kann, ich war am Ende der Nahrungskette angelangt.

Meine Gedanken drehten sich nur noch darum, mich als Versager zu sehen. Meine Depressionen wurden dadurch nicht gerade besser. Ich hatte Angst, Angst wie kann ich die nächsten Tage überstehen, Angst vor dem nächsten Monat, Angst vor der Zukunft und ich war deprimiert über mich selbst. Ich wollte gerne „normal" sein, musste aber mir selbst eingestehen, in diesem Zustand konnte ich mir nicht einmal selbst mehr helfen.
Ich hatte inzwischen sogar Angst davor, zu telefonieren, um mir keine Absage einhandeln zu müssen.

Ich war am Ende.

Später erfuhr ich auch von dem in der Zwischenzeit aus seiner eigenen Firma, welche er aufgebaut hatte und als geschäftsführender Gesellschafter tätig war, hinaus gemoppten Herr Markus, dass als ihn einmal ein Betriebsfest besuchte und mich Herr Markus wie immer sehr freundschaftlich begrüßte, Herr Denzlinger ihn sehr ermahnte. „Wie können sie bloß diesen Herr Albert so herzlich begrüßen, er ist schließlich unsere Konkurrenz". Dieser Kleingeist, meine Firma, mit nicht einmal in der Spitzenzeit mehr als 4 Teilzeitkräften eine Konkurrenz für eine Callcenter-Fabrik mit nahezu 160 Mitarbeitern?

Meine Vermutung legte mir nahe, dass eben dieser Raffzahn mir meine Kunden abwarb, wer weiß woher er von deren Existenz überhaupt wusste. Ich denke, dass eine ehemalige Mitarbeiterin ihn ins Bild setzte.

Auch Du Freund Raffzahn wirst eines Tages deine Rechnung bekommen und diese wird schwerlich zu begleichen sein.

Ich kämpfe weiter, versuche es wieder und wieder und wieder, denn wie sagte doch Bertold Brecht so treffend:

„Wer kämpft, kann verlieren. Wer nicht kämpft, hat schon verloren."

Quintessenz- Zusammenfassung , was ist ein Callcenter

Ein Call Center ist im Normalfall ein Großraumbüro (kann aber auch in kleinerem Rahmen ausfallen) und in diesem Büro befinden sich die Arbeitsplätze An jedem Arbeitsplatz sitzen die Call Center Agents. Ein Call Center ist, wie schon der Name sagt, eine Einrichtung für Telefongespräche jeglicher Art. So gibt es Call Center für Kundenbetreuung, Beschwerdeannahme aber auch Telefonberatung und Verkauf am Telefon.
Es kommt immer darauf an, ob man nun eine Stelle in einem Inbound (die Anrufe kommen vom Kunden herein) oder in einem Outbound (man muss den Kunden anrufen) hat. Ein Call Center ist also dazu da, um telefonisch etwas abzuwickeln und dazu werden Leute eingestellt, die den ganzen Tag nichts anderes tun als zu telefonieren.
Ein Call Center Agent ist eine bemitleidenswerte Person, die in einem Call Center sitzt und Telefonate führt. Ein Call Center Agent ist nichts anderes, als eine telefonische Auskunft, ein Telefonverkäufer oder ein Kummerkasten für Kunden die unzufrieden sind. Als Arbeitsgerät dienen dem Agent ein PC und auch ein Headset inklusive einem Mikrofon. Das Headset ist an das Telefon angeschlossen, sodass er über diesen

Kopfhörer telefonieren und den Telefonhörer während der ganzen Schicht halten muss. Jeder Call Center Agent bekommt auch, wenn er Glück hat eine Schulung, bevor er auf die Kunden losgelassen wird. Damit geht der Arbeitgeber auf Nummer sicher, dass auch alle Angestellten Agents wissen, von was sie reden und was sie dem Kunden erzählen. Gerade bei der Telefonaquise ist die Kommunikation das Wichtigste, In diesem Beruf ist die Wortgewandtheit oberste Prämisse. Sollte er diese nicht besitzen, hat er keine Chance, seine Arbeit zu verrichten, da Kunden eine 100%ige Professionalität und Kenntnis des jeweiligen Produktes oder der Produkte sich wünschen.

Inbound: Call Center Agent im Inbound, nehmen Bestellungen, Beschwerden uvm. entgegen und versuchen dem Kunden telefonisch so gut als möglich zu helfen. Im Normalfall steht jedem Call Center Agent ein PC am Arbeitsplatz zur Verfügung, mit welchem er auf die Kundendaten zugreifen kann.

Im Inbound ist der Agent der Angerufene. Hauptziel eines Inbound-Call Center Agents ist es, die Kundenwünsche, wenn möglich zu erfüllen und mit dem Kunden die Probleme zu lösen.

Outbound: im Outbound ist der Call Center Agent derjenige, der den Kunden anruft. Meistens hat der Outbound Call Center Agent die

Aufgabe, dem Kunden ein Produkt schmackhaft zu machen und es ihm zu verkaufen. Dazu gibt viele verschiedene Produkte, die von einem Agent angeboten werden, angefangen von einer Spendenaktion über Lotto & Toto per Telefon bis hin zu Zeitschriften Die Aufgabe des Agents, ist eine Kundenverbindung bzw. eine Partnerschaft (geschäftlich) herzustellen. Verkauf der CCA (CallCenterAgent)dem Kunde am Telefon, so hat er einen guten Job gemacht. Outbound ist vergleichbar mit dem Job eines Vertreters, nur eben über das Telefon. Auch hier sitzt der Agent sitzt an seinem Platz, vor ihm sein PC mit Kundendaten oder auch Namen von Menschen, die noch keine Kunden sind.

Die Arbeitszeiten hängen von der jeweiligen Firma ab, in der man als Call Center Agent angestellt ist. Auch ist es davon abhängig, als Teilzeit- oder als Vollzeit Agent eingestellt ist. In der Regel sind die Arbeitszeiten acht und zwanzig Uhr. Meistens ca. 6 - 8 Stunden am Tag. Andere Firmen haben auch Dienstzeiten von 6 Uhr bis 22 Uhr oder auch 24 Stunden am Tag, das ist immer Sache der jeweiligen Institution. Im Inbound sind die Arbeitszeiten meist länger oder auch früher, da hier ja die Kunden anrufen und so nicht unfreiwillig gestört werden, im Gegenteil, hier werden von den Kunden längere Erreichbarkeitszeiten bevorzugt. Im Outbound ist in der Regel 20 Uhr Ich habe damals auch 6 Tage die Woche gearbeitet, also auch samstags.

Der Verdienst in einem Call Center ist etwa 5,50 - 7,50 Euro (was schon ein Spitzenverdienst ist) pro Stunde. Ich habe auch miterleben müssen, dass im Inbound nach angenommenen Calls bezahlt wurde. Hierbei sind manche Agents mit einem Stundenlohn von unter 6 Euro Brutto! abgespeist worden Für diese Leistung die man bringen muss eindeutig zu wenig. Es grenzt an Ausbeutung, bzw. werden hier Menschen schamlos ausgenutzt, welche dringend einen Arbeitsplatz benötigen.

Ich machte diesen Job lange Jahre, ich dachte anfangs, als Call Center Agent ist das Geldverdienen einfach. Welche ein Trugschluss, man ist einem in keinem Verhältnis zum Verdienst stehenden Druck ausgesetzt.

Die nervliche Belastung durch etwaige, sehr unfreundliche Kunden und die ständige Konzentration auf die Kunden bzw. das Gespräch ist extrem hoch, welches an der Kraft und Substanz extrem zehrt, auch wenn ich das anfangs nicht für möglich gehalten habe.

Nach 6 - 8 Stunden Callcenterarbeit ist man total erledigt. Psychisch wie auch physisch. Der Job – Callcenter Agent - ist wirklich ein Knochenjob, man muss sich sein Geld hart verdienen und

Aufstiegschancen hat man in den seltensten Fällen

In meinem Fall wurde es durch Herr Denzlinger fast unerträglich, da er eine für ihn moderne Diktatur (Demokratur) geführt hatte.

Neben den Kunden die den Agent am Telefon angeschrien haben, kommt es auch vor, dass ein Vorgesetzter, bei mir Herr Caruso, herumbrüllte und alle Agents als Idioten bezeichnete.
Bei einem Projekt, welches ich unter anderem zu betreuen hatte, war die Aufgabe, Leuten am Telefon eine Zeitung zu verkaufen bzw. auch Testleser zu werben, welche dann auch potentielle Abonnenten werden konnten.

Als Vorgabe der neuen Geschäftsleitung durften die Agents frühestens nach 90 Minuten die erste Rauchpause einlegen, welche eine maximale Länge von 10 Minuten haben durfte. In dieser Zeit hatten die Agents die Möglichkeit, einen Kaffee aus dem Automaten zu trinken oder eine zu rauchen, meistens Beides zusammen.
Abschalten konnten sie in der Zeit nicht, dazu war die Zeit zu kurz.
Die Gespräche mit den Kunden wurden bei uns teils unerlaubter Weise mitgehört und auch auf

gezeichnet um diese zu „Schulungszwecken" dem Agent wieder vorzuspielen.
War man nicht in der Quote (die Verkaufsvorgabe in Zahlen durch die Chefs) so musste man jederzeit mit der Kündigung rechnen, wenn die Zahlen nicht in einer gewissen Zeit zumindest hin und wieder erreicht wurden.

Jedes Team in unserer Firma hatte einen Teamleiter, welcher dafür zuständig hätte sein sollen, den Agents zu helfen, sofern sie Fragen hatten. Jedoch gab es auch Teamleiter welche weniger fähig gelinde gesagt unfähig Menschen zu führen. Gib jemandem Macht und du lernst seinen Charakter kennen. Mindestens ein Mal die Woche sollte Verkaufs-Training sein, in welchen Kundengespräche simuliert, Problembehandlungen bearbeitet und den Agents neue Motivation zugesprochen werden sollte, was aber in den seltensten Fällen eingehalten wurde.
Gesamt betrachtet ist es ein frustrierender und kräfteraubender Job.

Sicherlich gab es auch in meiner Zeit schöne Erlebnisse, so gab es auch immer wieder sehr nette Gespräche mit Kunden, die sich einfach freuten, genau von mir angerufen worden zu sein und endlich mal jemanden zum Reden hatten. Aber das Negative überwog dann doch. Ich für meinen

Teil habe so viele Eindrücke gesammelt, dass ich wohl den Job niemandem raten würde. Es ist ein sehr anstrengendes Unterfangen und man braucht starke Nerven, auch wenn man mit der Zeit schon etwas gegen Angriffe am Telefon abhärtet.

Call Center Agent ist wenn überhaupt, kein Job für zarte Gemüter, es ist ein Job für Menschen die gut im Stress oder in schweren Situationen einen kühlen Kopf bewahren.

Sicherlich ist es auch von der jeweiligen Firma abhängig, wie man das Betriebsklima aufbaut und wie wohl sich dann die einzelnen Agents in dem Job fühlen, aber in meinem Fall war das wohl eher zum Ende hin eine Diktatur und endete dann mit einem Burnout und anschließenden Depressionen

Ich kann nur jedem raten:" Wenn Euch eure Gesundheit wichtig ist, geht nicht in ein Callcenter als Callcenter-Agent".
Am Anfang ist wird es dir leicht gemacht, aber solltest Du es einmal wagen, nicht so zu funktionieren wie es Deine Vorgesetzten im Callcenter sich es vorstellen, dann begibst Du dich genau da hin, wo sich schon sehr viele vor Dir hinbegeben haben.

Anhang und Begrifferklärungen

* Opt-in

(von englisch to opt (for something) ‚optieren', ‚sich für etwas entscheiden') ist ein Verfahren aus dem Permission Marketing, bei dem der Endverbraucher Werbekontaktaufnahmen vorher – meist durch E-Mail, Telefon oder SMS – explizit bestätigen muss. Sein Gegensatz ist ein – in vielen Fällen rechtlich unzulässiges – Opt-out-Verfahren.

Gemäß § 7 Abs. 2 UWG stellt es für den Verbraucher eine unzumutbare Belästigung dar, wenn er ohne seine vorherige ausdrückliche Einwilligung Werbung per E-Mail oder Telefon erhält. Kontaktiert der Werbetreibende einen Verbraucher ohne dessen Werbeeinverständnis („Opt-In") stellt dies eine Wettbewerbsverletzung dar. Dies gilt sowohl für den E-Mail- als auch den Telefonkanal. Für den Postweg ist kein Werbeeinverständnis erforderlich, wobei dies im Rahmen der Datenschutznovelle 2008 häufig diskutiert wurde.

Vor nicht-adressierter Werbung können sich Verbraucher durch einen Hinweis an ihrem Briefkasten („Keine Werbung") schützen, den die Post und andere Werbeverteiler beachten müssen. Darüber hinaus besteht die Möglichkeit für Verbraucher sich auf der sog. Robinsonliste eintragen zu lassen.

Ein Problem bei einfachem Opt-in im Bereich des E-Mail-Marketings ist, dass beliebige Kontaktdaten zur Anmeldung verwendet werden können, also auch fehlerhafte Daten oder Daten dritter Personen oder Organisationen. Da solche falschen oder missbräuchlichen Einträge immer wieder zu Problemen und Ärger führen, wurde das verbesserte Verfahren „Double-Opt-in" entwickelt. Dies ist gesetzlich nicht verpflichtend, wird aber aus den genannten Gründen immer häufiger von der Rechtsprechung gefordert. Auch beim Telefon gibt es eine Art Bestätigung der Einwilligung im Wege der sog. Telefonverifizierung.

Beim „Double-Opt-in" muss der Eintrag der Abonnentenliste in einem zweiten Schritt bestä-

tigt werden. Meist wird hierzu eine E-Mail-Nachricht mit Bitte um Bestätigung an die eingetragene Kontaktadresse gesendet. Handelt es sich um ein echtes, das heißt erwünschtes Opt-in, bekommt der Abonnent eine Bestätigung seiner angegebenen Kontaktdaten. Handelt es sich dagegen um einen missbräuchlich erfolgten Eintrag, kann sich der unfreiwillige Abonnement-Kandidat vor einem Eintrag in die Abonnement liste schützen, indem er auf die Bestätigungsanfrage nicht reagiert. Eine Registrierung beim „Double-Opt-in" wird erst dann wirksam, wenn sie bestätigt wird. Dieses Verfahren hat sich mittlerweile im Direktmarketing durchgesetzt und wird auch im Wege der Adressgenerierung fast ausschließlich verwendet.

Als Bestätigung kommen neben oben genanntem Weg Verfahren in Frage, bei denen die Bestätigung zum Beispiel schriftlich auf dem Postweg, telefonisch oder per Banküberweisung erfolgt.

Dieses Verfahren wird für seriöses E-Mail-Marketing von verschiedenen Organisationen, wie zum Beispiel dem Deutschen Dialogmarketing Verband (DDV), empfohlen.

Das „Double-Opt-In-Verfahren" ist vom „Confirmed Opt-in" zu unterscheiden. Beim „Confirmed Opt-In" wird an die eingetragene E-Mail eine Bestätigungs-Mail ohne Bestätigungslink geschickt. Der Verbraucher müsste dieser Mail widersprechen, um keine unerwünschte Werbung zu erhalten. Teilweise wird der Begriff von Spammern missbraucht. So nehmen manche Spammer in Anspruch, „Confirmed Opt-in" zu betreiben, wenn ein neuer Empfänger eines Newsletter-Abonnements nach der Eintragung eine E-Mail zugeschickt bekommt, in der er auf das soeben getätigte Abonnement hingewiesen und davon in Kenntnis gesetzt wird, wie er das Abonnement wieder beenden kann.

In Deutschland sind bestimmte Werbemaßnahmen nur nach erklärter oder mutmaßlicher Einwilligung zulässig. Dies ist vor allem im Gesetz gegen den unlauteren Wettbewerb, § 7, Absatz 2, Nummer 2 und 3 von 2004 geregelt.

Eine Verpflichtung zu Closed-Loop Opt-in besteht gesetzlich nicht. Allerdings ergibt sich für den Werbetreibenden das Problem, dass das einmal erklärte (Single) Opt-in von einem Dritten stammen könnte. Möglicherweise kennt dieser den Inhaber der fälschlich angegebenen Mailadresse und will ihn belästigen. Dann ist der nun tatsächlich Beworbene nicht an das Opt-in

gebunden. Dass auch der Werbende dabei getäuscht wurde, spielt keine Rolle, denn auf sein Verschulden kommt es nicht an.

Um dieses Problem zu vermeiden, wird daher oft Double-Opt-in gewählt: Hier kann sich der Werbetreibende sicher sein, dass die Einwilligung zum E-Mail-Versand tatsächlich von dem Konto stammt, an welches später die Werbemails ausgeliefert werden. Die für das Double-Opt-in notwendige Nachfrage wurde von Gerichten zuletzt häufig als nicht wettbewerbswidrig erachtet.

Eine einheitliche Rechtsprechung gibt es bis dato nicht. Jede (auch gewollte) Zusendung bleibt mit einem Restrisiko behaftet. Die Tendenz der Gerichtsurteile scheint mehr zur Zulässigkeit der Zusendung des Bestätigungslinks beim Double-Opt-in zu tendieren.

Das Amtsgericht München bestätigte 2006, dass E-Mails mit einer Aufforderung, die Eintragung in eine Mail-Verteilerliste zu bestätigen, kein Spam seien, weil es dem Empfänger zumutbar sei, durch Nichtstun und Abwarten die automatisierte Löschung der eigenen Mailadresse aus der Mailingliste zu erzwingen. Das Urteil ist rechtskräftig.[1]

Das Landgericht Hamburg urteilte über die Aufbewahrungsdauer einer datenschutzrechtlichen Einwilligungserklärung, also einer Opt-in-Erklärung. Das Landgericht hat sich als eines der ersten überhaupt zur Frage geäußert, wie lang eine datenschutzrechtliche Einwilligungserklärung überhaupt aufbewahrt werden darf und muss. Die Richter urteilten, solange ein Verwender oder Adresseigner damit rechnen müsse, das

Vorliegen einer Einwilligung nachweisen zu müssen, müsse und dürfe er die entsprechenden Daten auch speichern. Als Frist setzten die Richter unter Hinweis auf § 11, Absatz 4 UWG drei Jahre fest.[2]

Der Bundesgerichtshof stellt in seinem Urteil vom 10. Februar 2011 (Az.: I ZR 164/09) fest: „Ein elektronisch durchgeführtes Double-Opt-In-Verfahren ist zur Einholung des Einverständnisses für Werbeanrufe ungeeignet." Ein Verifikation des Anrufers/Teilnehmers muss also durch ein mehrstufiges Verfahren abgedeckt werden.

Mit Urteil vom 27. September 2012 (Az. 29 U 1682/12) hat das Oberlandesgericht München entschieden, dass schon eine E-Mail, mit der zur Bestätigung einer (Newsletter-) Bestellung im Double-opt-in-Verfahren aufgefordert wird, als Werbung unter das Verbot von § 7 Abs. 2 Nr. 3 UWG fallen kann. Die Entscheidung dürfte auch im Zusammenhang mit der BGH-Entscheidung „Double-opt-in-Verfahren" kritisch zu hinterfragen sein. Die Revision zum Bundesgerichtshof wurde hinsichtlich der Frage zugelassen, ob bzw.

wann eine solche Bestätigungs-E-Mail Werbecharakter besitzt. Die Entscheidung wird in der juristischen Literatur kritisch bewertet bzw. abgelehnt. Eine sog. „Bestätigungsaufforderung" im automatisierten „Double-Opt-In-Verfahren" stelle unter bestimmten Voraussetzungen ohne Weiteres noch keine Werbung dar

Einzel/Quellennachweis

http://de.wikipedia.org/wiki/Opt-in

1. AG München 161 C 29330/06, MMR 2007, 473.
2. LG Hamburg: Az: 312 O 362/08, 23. Dezember 2008. In: openjur.de.
3. OLG München, Urteil vom 27. September 2012 - 29 U 1682/12, MIR 2012, Dok. 49 = openJur 2012, 130663.
4. Gramespacher, WRP 2013, 113 ff. - Kommentar zur Entscheidung mit weiteren Nachweisen (PDF; 129 kB).
5. Jörg Eugster: An- und Abmeldeverfahren. In: Das Online Marketing Buch. Wie fischt man Kunden aus dem Internet?
6. Michel Binder, marconex ag: "Spamming oder seriöses Online-Marketing — die rechtlichen Aspekte in der Schweiz", In: Fachbericht "E-Mailings und Newsletter — flexibel und wirksam einsetzbar unabhängig vom verfügbaren Budget"] der marconex AG, Zürich

Von „http://de.wikipedia.org/w/index.php?title=Opt-in&oldid=117997656"

**Inbound

-Marketing (englisch inbound „ankommend") ist eine Marketing-Methode, die darauf basiert, von Kunden gefunden zu werden. Es steht im Gegensatz zum klassischen Outbound-Marketing, bei dem Nachrichten an Kunden gesendet werden[1], wie es per Postwurfsendung, Radiowerbung, Fernsehwerbung, Flyer, Spam, Telefonmarketing und klassischer Werbung üblich ist. Kunden bedienen sich immer häufiger des Internets, um Informationen über Produkte zu erhalten, und sind über klassische Werbebotschaften weniger erreichbar. Daher versucht Inbound-Marketing, mit Produktinformationen und relevanten Inhalten dort in Erscheinung zu treten, wo sich Kunden auf ihrer Suche befinden. Im Mittelpunkt von Inbound Marketing steht der Inhalt, der über Blogs, Podcasts, Web-Videos, E-Books, E-Newsletter, White Paper, Suchmaschinenoptimierung und Social Media Marketing den potentiellen Kunden zugänglich gemacht wird, um sie im weiteren Verlauf als Kunden zu gewinnen. Quellennachweis:http://de.wikipedia.org/wiki/Inbound-Marketing

Torsten W. Albert

Oft wurde mir schon gesagt: " ich beneide Dich um die Kraft mit der Du dein Leiden meisterst."

Meine Antwort ist dann:"ich beneide Dich darum, daß Du diese Kraft nicht brauchst".

www.torsten-w-albert.de ©TWA

***Outbound

Outbound steht in der Callcenter Branche für ausgehende Gespräche. Beim Outbound werden Gespräche aktiv aufgebaut und bestehende Kunden oder potentielle Interessenten angerufen. Durch „ungewünschte" Werbeanrufe wurden Callcenter in den Medien bekannt. Callcenter werden zunehmend öfter von Unternehmen beschäftigt um bestimmte Geschäftsfelder zu übernehmen. Unweigerlich im Vordergrund steht selbstverständlich die Telefonie. Oft werden bestehende Kundenkontakte gepflegt, neue Produkte angeboten oder bestehende Aufträge bearbeitet. Mittlerweile haben, zumindest seriöse Callcenter, den schlechten Ruf abgelegt und zeigen sich als nicht mehr wegzudenkender Partner für viele Unternehmen auf dem deutschen Markt.

Quellennachweis:
 http://www.tel-inform.com/faq/was-bedeutet-outbound/

****Headset

*Ein **Headset** (dt. Sprechgarnitur, Kopfsprechhörer oder Kopfhörersatz[1]) ist eine Kombination aus Kopfhörer und Mikrofon, die ein zweiseitiges Kommunizieren (Hören und Sprechen) ermöglicht. Im deutschen Sprachraum hatte sich, wie bei vergleichbaren Fällen technischer Neuerungen, zunächst die englische Bezeichnung Headset durchgesetzt. Heutzutage verzeichnen auch die deutschsprachigen Begriffe immer mehr Suchergebnisse und lassen auf eine häufigere Verwendung schließen.*

Mit seinen technischen Komponenten erfüllt ein Headset die gleichen Aufgaben wie ein Telefonhörer. Der Vorteil liegt in der Freiheit beider Arme. Insbesondere bei der Arbeit am Rechner, an Laptops, an PDAs oder in Verbindung mit einem Mobiltelefon erfreuen sich Headsets deshalb immer größerer Beliebtheit. Förderlich ist sicher auch der geringe Preis.

Im Anschlusskabel befindet sich oft ein Regler für die Lautstärke. Bei professionellen Lösungen (z. B. für Callcenter) ist es oft möglich, das Mikrofon auf Knopfdruck stummzuschalten..

Quellennachweis: http://de.wikipedia.org/wiki/Headset

*****Upsell

Upselling (auch Up-selling) bezeichnet im Vertrieb das Bestreben eines Anbieters, dem Kunden statt einer günstigen Variante im nächsten Schritt ein höherwertiges Produkt oder eine höherwertige Dienstleistung anzubieten.
Dazu sollen dem Kunden durch plausible Argumente und insbesondere durch Produktvorführungen die Vorzüge der höheren Produkt- oder Dienstleistungskategorie nahegelegt werden, zum Beispiel größerer Nutzen, Komfort usw.
Dabei besteht aus Sicht des Verkäufers die Gefahr, dass dem Käufer durch Up-Selling die Lust am Kauf des Produktes vergeht, dass er also weder das teurere Produkt noch das Produkt kauft, das er ursprünglich in Betracht gezogen hatte.

Quellenhinweis: http://de.wikipedia.org/wiki/Upselling

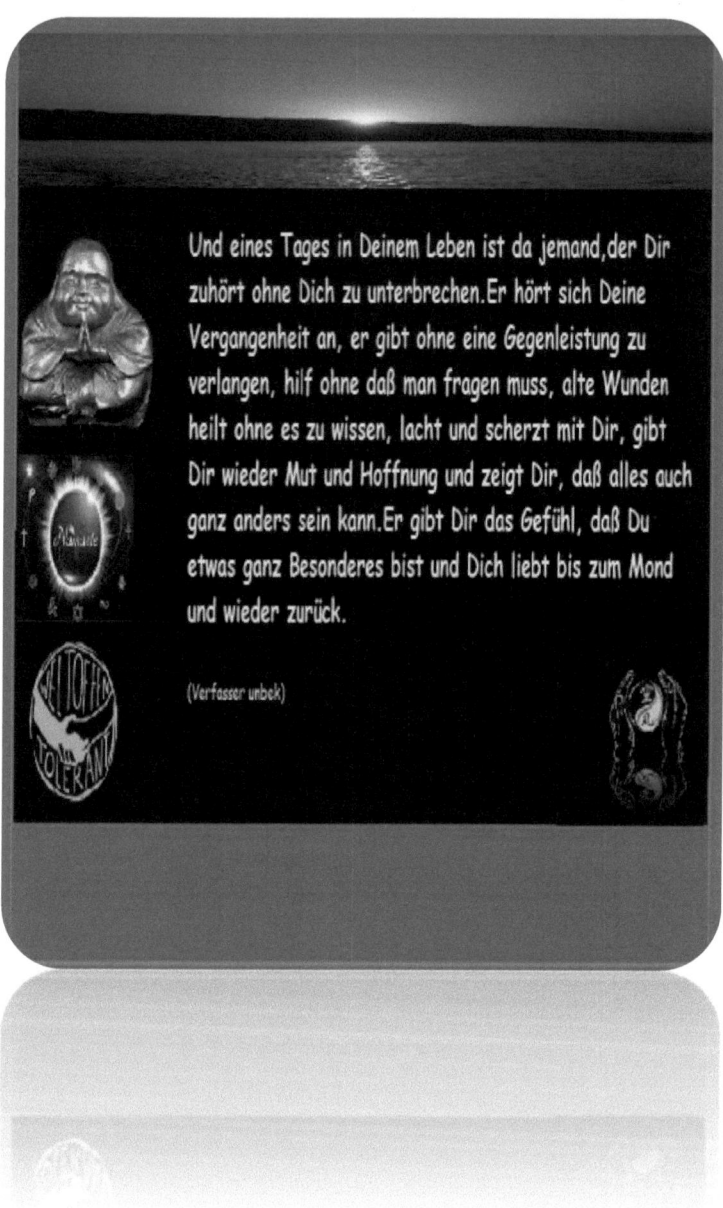

Und eines Tages in Deinem Leben ist da jemand, der Dir zuhört ohne Dich zu unterbrechen. Er hört sich Deine Vergangenheit an, er gibt ohne eine Gegenleistung zu verlangen, hilf ohne daß man fragen muss, alte Wunden heilt ohne es zu wissen, lacht und scherzt mit Dir, gibt Dir wieder Mut und Hoffnung und zeigt Dir, daß alles auch ganz anders sein kann. Er gibt Dir das Gefühl, daß Du etwas ganz Besonderes bist und Dich liebt bis zum Mond und wieder zurück.

(Verfasser unbek)

******Burnout

*Quellenangabe:
http://de.wikipedia.org/wiki/Burnout-Syndrom*

Ein Burnout-Syndrom (englisch (to) burn out: „ausbrennen") bzw. Ausgebrannt sein ist ein Zustand ausgesprochener emotionaler Erschöpfung mit reduzierter Leistungsfähigkeit. Es kann als Endzustand einer Entwicklungslinie bezeichnet werden, die mit idealistischer Begeisterung beginnt und über frustrierende Erlebnisse zu Desillusionierung und Apathie, psychosomatischen Erkrankungen und Depression oder Aggressivität und einer erhöhten Suchtgefährdung führt. Das Burnout-Syndrom ist wissenschaftlich nicht als Krankheit anerkannt, sondern gilt im ICD-10 als ein Problem der Lebensbewältigung, während es vom Diagnostic and Statistical Manual of Mental Disorders als Form von Depression aufgefasst wird. Es handelt sich um eine körperliche, emotionale und geistige Erschöpfung aufgrund beruflicher Überlastung. Diese wird meist durch Stress ausgelöst, der wegen der vermin-

derten Belastbarkeit nicht bewältigt werden kann.

häufige Anzeichen für einen Burnout

- *Lustlosigkeit, Übellaunigkeit, Gereiztheit,*
- *Gefühle des Versagens, der Sinnlosigkeit,*
- *Angst, den Anforderungen nicht mehr gewachsen zu sein*
- *mangelndes Interesse am Beruf oder Aufgabenbereich*
- *permanente Müdigkeit, Mattigkeit und Erschöpfung, Schlafstörungen - wie Einschlaf-Durchschlaf- Ausschlafstörungen*
- *Gedächtnis- und Konzentrationsstörungen,*
- *Verzweiflung bis hin zu Hoffnungslosigkeit,*
- *chronische Motivationslosigkeit, Stimmungsschwankungen und körperliche Symptome*

Typisch für Burnout ist auch der Rückzug von Kollegen, Kunden, Freunden und Bekannten

Burnout schleicht sich langsam ein. Deshalb erkennt man es oft erst, wenn man bereits an einem Burnout erkrankt ist.

An Burnout Erkrankte leiden unter einer starken geistigen, körperlichen und seelischen Erschöpfung. Burnout ist als Berufskrankheit nicht anerkannt. Burnout ist keine reine Managerkrankheit. Man gibt viel in die Arbeit. Betroffene leiden aber darunter, für ihren Einsatz zu wenig Anerkennung, Lob und Bestätigung zu bekommen. Ebenfalls gefährdet, an Burnout zu erkranken, sind Menschen, die sich in erster Linie über ihre Arbeit definieren und andere Werte, wie Familie und Freizeitgestaltung, als nebensächlich betrachten. Ihnen fehlt der notwendige Ausgleich zu ihrer täglichen Stressbelastung.

Betroffenen gelangen erst nach Jahren an den Punkt, wo nichts mehr geht, der Akku leer ist und sie total erschöpft und ausgelaugt sind. Es fehlt die Kraft zum leben. Der Wille, zu arbeiten, ist vielleicht noch da, Körper und Geist versagen jedoch ihren Dienst. Woran erkennt man einen Burnout?

Wer ausgebrannt ist, dem hilft ein Urlaub nicht, der kann keinen Gang zurückschalten. Die Symptome eines Burnouts sind denen einer Depression ähnlich.

- *Burnout schleicht sich langsam ein*
- *Den Eindruck zu haben , zu wenig Zeit für uns zu haben und immer am Ball bleiben zu müssen*
- *Ein Betroffener ist mehr und mehr mit seinem Leben und seiner Arbeitssituation unzufrieden.*
- *Müdigkeit*
- *Stimmungsschwankungen*
- *chronische Müdigkeit*
- *Ärger*
- *Angstgefühle*
- *Panikattacken*
- *Schlafstörungen*
- *bis hin zu, und depressive Erschöpfungszustände*
- *Engagement lässt nach, Reizbarkeit bis hin zu Aggression kommen auf*

- *man hat das Gefühl, ausgeliefert zu sein und nichts mehr auf die Reihe zu bekommen.*
- *man fühlt sich innerlich leer, stellt die Frage nach dem Sinn der Tätigkeit und des Lebens, leidet und fühlt sich ausgebrannt.*
- *Betroffene fühlen sich unverstanden von Freunden, dem Partner und den Kollegen und ziehen sich von diesen mehr und mehr zurück.*
- *Selbstzweifel tauchen auf, sowie körperliche Beschwerden.*
- *Hobbys werden aufgegeben und oft kommt Alkohol ins Spiel, um abschalten zu können. Oder es werden Aufputschmittel genommen, um trotz der Erschöpfung geistig und körperlich den beruflichen Anforderungen gewachsen zu sein.Burnout entsteht, wenn Betroffene nicht mit dem Termin- und Leistungsdruck zurechtkommen, sei es, weil sie sich selbst für ihre Tätigkeiten und Termine zu enge zeitliche Rahmen setzen, weil von "oben" Druck gemacht*

wird oder Kunden und Klienten sie ständig fordern. Sie fühlen sich von anderen gehetzt und gestresst und tun sich schwer, den Anforderungen gerecht zu werden.

Dadurch haben Betroffene mehr und mehr den Eindruck, in ihrer Arbeit fremdbestimmt zu sein, d.h. sie haben das Gefühl, keine Kontrolle mehr über das zu haben, was sie tun und wann sie es tun. Sie fühlen sich wie eine Marionette, an deren Fäden andere ständig ziehen und zerren. Unzufriedenheit macht sich breit, gleichzeitig aber sehen die Betroffenen keine Möglichkeit, etwas an ihrer Situation zu ändern. Sie fühlen sich anderen und den vermeintlichen oder tatsächlichen Zwängen ausgeliefert. In hohem Maße gefährdet, an Burnout zu erkranken, sind Angestellte, die das Gefühl haben, für die Vorgesetzten nur noch Spielball zu sein, die den Eindruck haben, der Arbeit ausgeliefert zu sein und sich wie ein Hamster im Rad zu drehen, ohne daran etwas ändern zu können Quellenangabe: teilweise entnommen von http://www.palverlag.de/Burnout.html

******Depressionen**

Die Depression ist eine psychische Störung mit Zuständen psychischer Niedergeschlagenheit als Leitsymptom. Der Begriff leitet sich von lateinisch deprimere ‚niederdrücken' ab. In der Psychiatrie wird die Depression den affektiven Störungen zugeordnet. Im gegenwärtig verwendeten Klassifikationssystem psychischer und anderer Erkrankungen lautet die Krankheitsbezeichnung depressive Episode oder rezidivierende (wiederkehrende) depressive Störung. Die Diagnose wird nach Symptomen und Verlauf gestellt. Zur Behandlung depressiver Störungen werden nach Aufklärung über die Ursachen und den Verlauf der Erkrankung Antidepressiva eingesetzt, aber auch reine Psychotherapie ohne Medikation, wie beispielsweise tiefenpsychologische oder verhaltenstherapeutische Verfahren. Obgleich im alltäglichen Sprachgebrauch der Begriff depressiv häufig Verwendung findet, handelt es sich bei der Depression im medizinischen Sinne um eine ernste psychiatrische Erkrankung, deren Symp-

tome sich der Beeinflussung durch reine Willenskraft entziehen

Quellenangabe: http://de.wikipedia.org/wiki/Depression

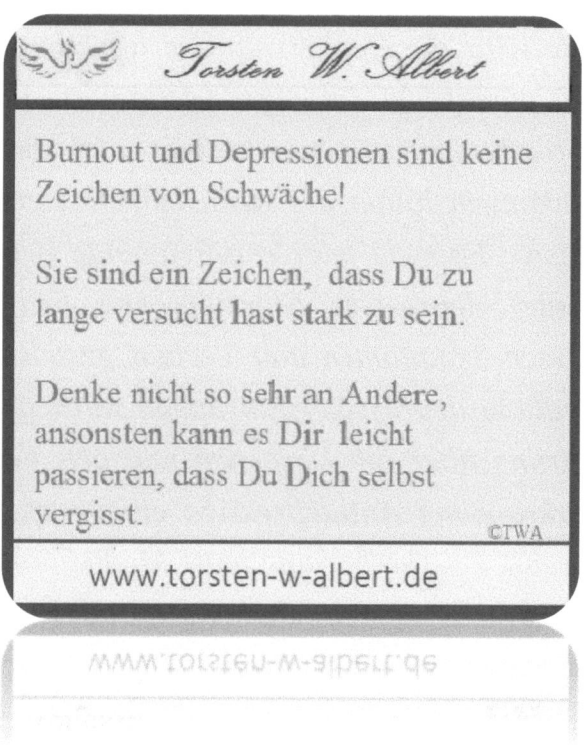

********Cross-Selling

Querverkauf
aus Wikipedia, der freien Enzyklopädie
Wechseln zu: Navigation, Suche
Querverkauf (auch Kreuzverkauf, engl. Cross-Selling) bezeichnet im Marketing den Verkauf von sich ergänzenden Produkten oder Dienstleistungen.
Inhaltsverzeichnis
[Verbergen]
- *1 Hintergrund*
- *2 Konzept*
- *3 Vorteile für das Unternehmen*
- *4 Beispiele*
- *5 Umsetzung*
- *6 Literatur*
- *7 Einzelnachweise*
- *8 Siehe auch*

Hintergrund[Bearbeiten]
Durch Querverkäufe kann der Umsatz pro Auftrag erhöht werden. In der Vertriebsstrategie wird dieser Begriff jedoch häufig in einem deutlich erweiterten Zusammenhang verwendet. Dabei soll erreicht werden, dass bei den Kunden des Unternehmens insgesamt mehr verschiedene Produkte und Leistungen der eigenen Produktpalette platziert werden. Insoweit müssen die Produkte und Leistungen in ihrer Art nicht direkt mit

dem vom Kunden nachgefragten Produkt zusammenhängen. Vielmehr geht es dabei um eine ganzheitliche Verkaufsstrategie, die den umfassenden Bedarf des Kunden erfasst und so weit wie möglich mit eigenen Leistungen abdeckt. Der Kunde wird dazu angehalten, auch Produkte zu kaufen, die er nicht direkt nachfragt. Ein Teil des Sortiments wird dafür zum Selbstkostenpreis oder mit niedrigen Gewinnspannen offeriert, um den Verkauf von Produkten mit höheren Gewinnspannen zu fördern. Oft wird in der Umsetzung nach verschiedenen Erlebnis- und Kaufsituationen, Lebensphasen oder ähnlichem unterschieden. Darüber hinaus gehören auch Angebote in völlig artfremden Bereichen zur typischen Querverkaufsstrategie.

Manchmal wird Querverkauf mit Upselling verwechselt, dem Versuch, eine bessere Variante des Produkts zu verkaufen.

Konzept[Bearbeiten]

Kunden werden häufig bereit sein, von einem bereits bekannten Anbieter ein weiteres Produkt abzunehmen. Die Vorteile des Anbieters ergeben sich zum einen daraus, dass keine bzw. signifikant niedrigere Akquisitionskosten entstehen. Zum anderen entstehen aus einer anhaltenden Kundenbeziehung weitere Vorteile, wie z. B. eine sinkende Preissensibilität oder Kosteneinsparungen über komplementäre Produkte. Darüber

hinaus erhöht die gestiegene Kundenbindung die Wechselkosten (switching costs) und kann über Weiterempfehlungen zu Folgeumsätzen mit niedrigen Akquisitionskosten führen. Vorhandene Kundenbeziehungen sollen durch das Cross-Selling also besser ausgenutzt werden.
Vorteile für das Unternehmen[Bearbeiten]
- Umsatz sichern und steigern
- Kundenbeziehungen verbessern
- das Hauptsortiment über ein Randsortiment bewerben oder umgekehrt, das Randsortiment über das Hauptsortiment bekanntmachen

Quellenangabe:
http://de.wikipedia.org/wiki/Querverkauf

Empfehlenswerte Bücher
Die Früchte meiner Eiszeit

Von der Aussichtslosigkeit es Allen recht machen zu wollen

oder

Der sicherste Weg zu Depressionen

Butterkrem

Gustl Gstettenbauer
Jahrgang 1969.
Schauspieler, Musiker, freischaffender und bildender Künstler, Kreativist. Lebt und arbeitet in Karlsruhe.

Produktbeschreibung

Es liegt nahe zu glauben, dass alle Individuen auf die teilweise seltsamste Art miteinander verknüpft zu sein scheinen. Geschichten über Menschen wie Du und ich. Oder doch ganz anders... Der 17-jährige Victor verfügt über eine besondere Gabe, den "Rundumblick". Er verlässt im Jahre 1969 sein Elternhaus, nachdem er Zeuge eines Mordfalls wird und trifft auf die Liebe seines Lebens. Doch seine Fähigkeit birgt ein verhängnisvolles Geheimnis und sein Glück wird nicht von langer Dauer sein...

Der verlorene Schlüssel

Ein lyrischer Foto-Band mit Enten.
Das literarische Debüt.

ISBN: 978-3-7322-3735-7
Hardcover, 44 Seiten, 17x17 cm

Mit Enten-Fotografien illustriert erzählt das Buch in 17 Versen warum wir Menschen so oft unglücklich sind und depressiv werden.

Neben all meinen Freunden, ist dieses Buch insbesondere all denjenigen Menschen gewidmet, die an den Krankheiten Depression und Borderline-Persönlichkeitsstörung leiden.

Entstanden aus der Idee ein Buch mit eigenen Texten und Photographien zu veröffentlichen. Nicht nur ein künstlerischer Befreiungsschlag, sondern vor allem eine klare und deutliche Kampfansage an die eigene Krankheit.

Andreas von Wertheim Geboren am 15. März 1974 in Wertheim am Main als Sohn eines Bankers, nicht fern der Burg zu Wertheim, dem historischen Stammsitz der Grafen von Wertheim, aufgewachsen in der Finanzmetropole Frankfurt am Main, lebt Andreas von Wertheim heute in Brandenburg an der Havel.

Anhang:

Ihr seid nicht allein!

Gemeinsam gegen Depression.

Ein Projekt, initiiert vom Autor,

Torsten W. Albert-

Website: www.ihr-seid-nicht-allein.de

FB: https:// www.fb.com/ihr.seid.nicht.allein

Europäische Initiative gegen Depression

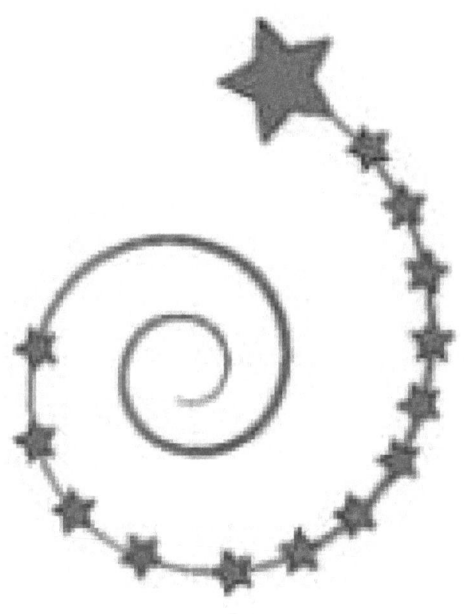

Website: http://www.eigd.eu
FB: https://www.facebook.com/eusad.germany

Autoren u. Schriftsteller gegen die Krankheit Depression

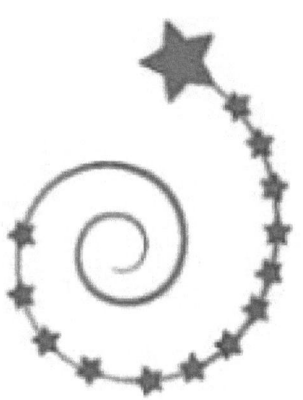

https://www.facebook.com/Autoren.gegen.Depression

Stiftung Deutsche Depressionshilfe
Website
www.deutsche-depressionshilfe.de

Deutsches Bündnis gegen Depression e.V.
Website
www.buendnis-depression.de

Diskussionsforum Depression
Website
www.diskussionsforum-depression.de

Deutsche DepressiosLiga e.V.
Website
www.depressionsliga.de

Robert Enke Stiftung
Website
www.robert-enke-stiftung.de

Eckhard Busch Stiftung
Website
www.eckhard-busch-stiftung.de

http://torsten-w-albert.de/galerie/